Lo Psicótico
Donde Se Pierde La Realidad

Lo Psicótico
Donde Se Pierde La Realidad

LA PARTE OBSCURA DE LA VIDA

EL PENSADOR

Número de Control de la Biblioteca del Congreso de EE. UU.:   2012906134
ISBN: Tapa Dura   978-1-4633-2441-4
                   Tapa Blanda   978-1-4633-2440-7
                   Libro Electrónico   978-1-4633-2439-1

La información, ideas y sugerencias en este libro no pretenden reemplazar ningún consejo médico profesional. Antes de seguir las sugerencias contenidas en este libro, usted debe consultar a su médico personal. Ni el autor ni el editor de la obra se hacen responsables por cualquier pérdida o daño que supuestamente se deriven como consecuencia del uso o aplicación de cualquier información o sugerencia contenidas en este libro.

Este Libro fue impreso en los Estados Unidos de América.

Para pedidos de copias adicionales de este libro, por favor contacte con:
Palibrio
1663 Liberty Drive
Suite 200
Bloomington, IN 47403
Llamadas desde los EE.UU. 877.407.5847
Llamadas internacionales +1.812.671.9757
Fax: +1.812.355.1576
ventas@palibrio.com
399515

Indice

La Inteligencia Mental

La equivalencia y las propiedades de la mente neuronas, controlables o incontrolable, lo psicótico donde en si es donde se pierde la razón de la realidad, la masa giratoria panel psíquico datos, memoria, impulsos, fobias, tensión. Estrés, órdenes de comando, propiedades análisis de conductas del vehículo mental.

Por lo tanto queridos lectores la acción de conducta, el poder mental versus la vida, la acción y la reacción, ver, oír, pensar, conductas de memorias y los sentidos. El celebro comando, ordenar activa fluida, a mente espirita fuerza magnética, de corriente del vehiculo mental:

De estos datos nos preguntaremos, *¿como pensamos Planeamientos, que dentro del psíquico de conciencia, ejecutamos ordenes de secuencias? Porque la mente refleja, presenta la idea pero no obliga. Algo que dentro el despertar, el juez que es nuestra conciencia nos martilla. Ya que un cargo de conciencia pesa por el resto de la vida en comparación con la parte oscura de nuestras vidas, que son propiedades atadas al existir sea nuestro consiente cotidiano.*

Queridos lectores, *todos tenemos un modus operandi que es el yo conciente, un ser de etapas dormidas, o tal ves una fiera interna dentro del corral mental. Cuando los* *potros salvajes se nos suelta en la casa mental, estampitas de oscuridad pueden hacer presencia en nuestro existir.*

Queridos lectores, el comportamiento del vehiculo mental tiene frenos para evitar la entrada a parte oscura de la vida. Lo cual tendríamos que sujetar las bridas de sujetar para que se nos salgan de las manos y la noción del tiempo se nos vuelve en tinieblas. Por tal razón, es que dentro del estado psicótico, la realidad se pierde porque retrocedemos la parte oscura de la vida. Obviamente, perdemos el control más de los hechos proceder muy extraño. Pero mas cierto que la realidad, dentro de los estados psicóticos y ya que una fobia nos aparta de la realidad cuando nos estacionamos en la parte oscura de la vida.

Por lo común decimos un pasado al pasado, *un mal recuerdo al olvido, un mal recuerdo lo dejamos atrás, algo muy común del pensar humano. Pero la fuerza universal de la mente es capas de doblegar hasta la voluntad propia del más lucido y el más fuerte es doblegado por la fuerza mental.*

La cual dentro de mi análisis de los conflictos mentales, esa batalla se necesita algo más que tolerancia, voluntad, dosis celestial escudo sagrado, ya que un potro salvaje en el corral de la mente, solo las bridas de la fe y la fuerza de voluntad y poder mental serían capas de frenar el mal en caer a la parte oscura de la vida.

Hablemos un poco de la agresión humana, *el temperamento, la rabia, la impulsiva acción, el auto reacción. Estos estados e auto defensas en muchos casos son acumulaciones de cargas negativas, vidas vividas, temores, fobias bloqueos, traumas, desajustes, mentales en si la parte oscura de la vida. Episodios sin final en vivir* del subconsciente de datos en la memoria, presiones y neurológicas del psicótico en donde se pierde la realidad. **Dentro de los modus operandi de cada ser humano** siempre existe la duda el velo y hasta las ofensas de culpabilidad o de inocencia; ya que la virtud abusa del inocente, dejando huellas del amargo vivido, creando la parte oscura de la vida. De la cual cuesta mucho para poderse uno liberarse de ellos, los conflictos e batallas mentales legados que se estacional para quedarse en nuestras vidas en la casa mental.

Queridos lectores existirá en nosotros un campo de comportamiento sin descubrir una parte de la deformación de ideas descabellaste que nos alejen de la parte psicótico. Es donde se pierde la realidad para éntrale al mundo oscuro de nuestra vida, pensar, actuar responder en acción y lo perjudicial.

Estos conflictos mentales entre el bien y el mal, representan las batallas de la vida misma en el campo donde pudiese éntrale a la razón o la equivocación de los comportamientos dentro de los conflictos y batallas que se liberan en la casa mental.

Por lo tanto, mirémoslo de otro punto de vista dentro de un campo de comportamiento agresivo sin control al pensamiento. Son capas hasta de atentar en contra de nosotros y de todo lo que nos rodea, estado viviente de la parte oscura de la vida misma, retroceso del tiempo, un campo de tinieblas mentales. Callejón sin salida atados mental mente con los portales de la inteligencia y la realidad de la razón equivoca cuando nos estacionamos en esa parte oscura. En mi análisis les hago mención, todos la poseemos como seres humanos que somos al fin.

Queridos lectores lo psicológico, la evaluación y el sentido comunes es el razonamiento, lo positivo, lo teórico y practico humano para reprender el mal pensar, analizó de conciencia, en enmendar, evitar éntrale al túnel de la parte oscura perjudicial, del tormento y la fobia de lo vivido.

Entrando al campo de las batallas mentales, una dosis celestial, al momento de la acción, pudiese ser el antibiótico en contra de los conflictos mentales, por la razón que un poder mental positivo puede dominar hasta la muerte si se tomara en cuenta el poder que ejerce la mente positiva y sana.

Queridos lectores, refrescar la memoria, alivia la carga psíquica en la masa giratoria del cerebro. Dentro de mis experiencia del campo te la espiritualidad, ejercitar la mente y la meditación positiva celestial en forma un escudo protector. Forma lógica para evitar el aseso cuando la parte oscura de la vida toca el portar de la mente. Mas éntrale al túnel de la oscuridad con luz natural, evita la perdida de la mente espirita en su estado de lucidez.

Obviamente reitero, que la inteligencia y la memoria tienen algo en común; ejemplo vivo, que la masa giratoria, el celebro, la maquina del tiempo, la mente espirita, es el epicentro de la vida misma. El timón de la navegación la cual no se detiene y para prueba el cuerpo espíritu mente no muere. Tal vez algo increíble de creer, pero mas cierto que la verdad que nos encierra en nuestro existir humano.

La arquitectura mental lo psíquico, lo espiritual, la masa giratoria, el cerebro y la vida el vehiculo mental, algo que todavía ni con toda la inteligencia del mundo de la ciencia y la conclusiones; queda incierta de este campo genético dentro de los conflictos y batallas a las que somos *sometidos. Sigue siendo un mundo incierto por el modus operandi de la mente viva en acción dinámica.*

Queridos lectores la neurofisiología *en si lingüista, neutraliza el campo magnético de corrientes mentales, un campo de entrada, salida y acumulación. Radio activo funcionar, ya que independientemente esa masa giratoria mente espíritu, posee poderes cuando su función esta en estado positivo en la casa mental.*

Estados los cuales rechazamos o ejecutamos *según sea el caso. La mente estructural poseedora de dones inteligencia, análisis, memoria, sentido, conciencia, subconsciencia, la expresión y sentido. Adecuadamente, la mente es la vida a través de su función, mente espirita, la travesía de la vida, existir de lo que somos en si dentro del campo viviente de seres humanos que somos.*

Al escribir este manuscrito, me vino algo muy curioso *que es paralización de astro o noción del tiempo, estado de coma donde se entra al túnel de la oscuridad. Pero lo mas curioso de todo, es éntrale y poder salir de esa paralización de astros que es la estrella que nos ilumina, que es la mente espirita, el epicentro de la existencia vida mental y el vehículo de navegación mental.*

Queridos lectores, los letargos es parte de los genocidios de la vida misma, sufrir de lo vivido, arrastres de culpas, o la inocencia, que no siempre somos culpables de lo sucedido.

Por lo tanto, en otra forma inversa, letargo, fobias, bloqueos, traumas, conflictos mentales, batallas con el yo propio, la subconsciente de la vida nos situé dentro del corral mental de lo vivido. Algo que nos sorprende cuando menos lo esperamos. Razón que no es el futuro la causa del mal, sino lo vivido.

Algo que nos sorprende cuando menos lo esperamos, razón que no es el futuro, la causa sino el pasado vida en condena, lo cual porta los choque y prueba, o por acto de culpabilidad de conciencia acumulada cual nos hace presa para martillar nuestro existir.

Dentro de mi análisis como pensador en busca de la fuente de la inteligencia, que bajo el comando del faro luminoso celestial, expreso el mensaje lleno de fe y fuente positiva de armonía universal. Recurro al Santísimo al alto grado de conciencia, que atravesé de la enseñanza, prosiga siendo la dosis celestial para que cada uno de vosotros encuentre la fuente de la inteligencia, matando la ignorancia equivoca del mal pensar. En encontrar el meollo de la realidad, que podemos ser más de lo que somos, a través del poder mental inteligentemente guiando el vehiculo mental en forma positiva.

Que con la ayuda celestial que me dicta en este manuscrito, es que me es posible escribir, obviamente que mi ciencia es Dios, la inspiración el deseo formal de que querer es poder. Más al verme escribiente estos libros he comprobado, que detrás de la vida si existe otra vida, inteligencia superior a lo creado.

¿Quién soy? solo el instrumento para hacer realidad, que lo vivido es la enseñanza la escuela de lo que se aprende. Mi nombre es Misael y mi apellido es la fe en saber que querer es poder. Mas aunque ausente estoy de la educación de lo teórico, el faro luminoso me ha hecho ver mas allá de lo vivido y la escuela celestial ha creado una virtud para poder escudriñar dentro de este tema del comportamiento mental.

Queridos lectores, por lo general se sabe que lo psicótico es donde se pierde la razón. Pero según se busca la fuente de *re rejuvenecer, la sobrevivencia, en este manuscrito vamos a ir al encuentro con la fuente de la inteligencia del vehiculo mental. El sentido común de crear lo positivo en nuestras vidas, es abril el portal mental a encontrar la fuente de la inteligencia e nutrición mental. Que vendría siendo el antibiótico de tantos males que aquejan la humanidad por los conflictos mentales a lo que somos sometidos en el existir cotidiano mente versus humanidad.*

Aun mas reitero, *por mi experiencia de lo que cada párrafo de estos manuscritos en cada volumen, yo Misael por obra de un don espiritual, la fuente de la inteligencia esta al alcance del yo propio, ya que la razón y deseo persistir en lo positivo, la meditación y la concentración, crea en si lo que nutre la mente de la fuente de la inteligencia. Algo que tal ves para lo equivoco no tenga razón de ser.*

Pero el comienzo de la fuente de la inteligencia comienza en Dios. En que su creación nos hizo seres superiores, capases de superarnos dentro de los dos mundos el fisco como el espiritual. Esperando que los sentidos se le iluminen de la luz del entendimiento en encontrar la fuente de la inteligencia mental.

Queridos lectores, tal ves la psicótico es *donde se pierde la realidad o la realidad se pierde en los análisis de psiquiatría. Pero acaso la noción del tiempo termina cuando se pierde la razón o la vida continúa en un estado vagando sin ver la realidad. Estos son los casos de fenómenos mas extraños dentro del comportamientos mentales, los conflictos las batallas en contra del tiempo y la noción en el vehiculo mental.*

Por lo tanto, este mundo mental *es sorprendente en explórale. Mas quiero que tomen bien en cuenta este tema* de ejemplos que les traigo a continuación; ya que en mi interés por descífrale, me ha tomado mucho tiempo de vida en comprender los diferentes estados de conductas mentales en diferentes actuaciones para sacar estas conclusiones de la conductas mentales.

Medio siglo de vivir dentro de la espiritualidad como consejero y confesor, algo muy sorprendente, ha sido los datos y las acciones en como se desenvuelve la humanidad a través de la fuerza universal de la mente en sus conductas.

Primero corriente, reacción, reflejo, conducta—

Miremos el espejo de lo que somos o seremos, o lo que fuimos. Todo nos ata dentro del núcleo humano.

Estos estados en donde lo creado pasa por ciertas etapas de la vida, en lo cuales los conflictos, las batallas mentales, la parte oscura de la vida toma rienda en nuestro existir. Donde la radiación de corrientes negativas irrita el existir humano, cambiando la fisonomía humana, portando estados impulsivos, desvelos, agresividad, cansancio, desvalido y perdido en los conflictos mentales con la noción del tiempo.

Ahora veámoslo desde otro punto de vista

Acaso alguien en la vida no ha pasado por el túnel de la parte oscura de la vida. En donde ni las flores les huelen, o se ha invadido de rabia, rencor, venganza por algo sucedido, o algún problema emocional o sentimental que la vida le ha presentado-verdad que no todos somos humanos y quiero que sepan, que todos tenemos una loca en la casa que es la mente.

Pues ahora me gustaría que asiento un análisis de conciencia, tomemos rienda en encontradnos con el yo *propio y su examinar nuestra conciencia en buscar la dosis celestial creando lo positivo. El psicótico es donde se pierde la realidad, pero no es el finar, si el despertar esta presente en nuestras mentes espirita de lucha.*

Misael - El Pensador
Acuérdense, que podemos ser mas de lo que somos.

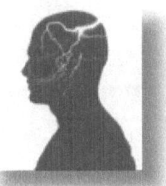

Conflictos y Batallas Mentales
El Estado Psicóticos Donde Se
Pierde La Realidad

*P*reguntas evolución mental, comportamientos de conductas, ejes de navegación, vida, epicentro de la masa corporal, el celebro, la memoria, conciencia y subconsciencia, datos, radio de comunicación entre lo físico y lo material y los estados psicóticos. Ataduras de la vida misma dentro de la mente espirita, recordatorio que en si la vida es una pregunta sin respuesta. Afrontamientos de dudas incógnitas del pensar humano en el vehiculo mental.

Queridos lectores, la partida, encuentro, un portal, la cura, el auto analizó de que lo vivido. Más pudiere ser la parte oscura de la vida misma. Pruebas, choques de la existencia, la parte psíquicamente espirita, la cual para mi entender, es la vida misma en el conjunto con nuestro diario vivir. Si algo sorprendente, porque quien es quien para entender el comportamiento mental en su evolución completa. La mente más sana peca, se desvía cuando los potros salvajes se sueltan en el corral de la mente al estacionar el vehiculo mental en la parte oscura de la vida.

Aun mas, es que las batallas mentales, estos estados psicóticos de esquizofrenia, temores, dudas, conflictos mentales, lo cual retroceden el tiempo vivido. La noción del tiempo mismo que nos acorrala dentro del corral mental dentro de la parte oscura de la vida.

Más de las preguntas, tal vez buscaríamos respuestas, pero dentro de los estados de conflictos mentales, ese tipo de batallas dentro de la fuerza mental es capas de retroceder el tiempo. Estado en donde la parte oscura nos arropa, llenándonos de temores, genocidios, fobias, impulsos, malignos, desequilibrio, estrés, ceguera desanimo. En si un purgatorio de tinieblitas que solo una luz celestial, el faro luminoso nos portara esa luz para salir de la parte oscura de la vida en los conflictos mentales.

El Pensador

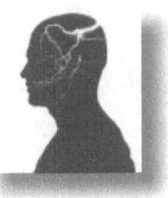

Dedicatoria

Estados Psicóticos

*E stados psicoticos: **donde se pierde la realidad,** dentro de la fuerza universal mental. Lo cual representa las diferentes etapas de la vida. La mente espirita que es la vida misma, el punto de partidas, el epicentro, la masa giratoria, el timón y el eje. El cual lo psicóticos mente versus mente equivale a la fuerza universal humana dentro de la propia conducta de conflictos y batallas mentales creación acción y reacción del vehiculo mental.*

Obviamente contrario a la masa corporal cuerpo, el cual se suple de deseo sicológicos se alimentas satisfaciéndolo físico material. Mas este estados psicóticos tiene nombre; Mente espirita vida, timón, guía, conducta, instinto de súper sobrevivencia, ya que sin el celebro mental la noción del tiempo no asistiera, ya que la vida vino de vida soplo, mente reacción de lo que somos; seres humanos estacionados en peregrinación hasta el finar existente de vida:

Masdeestostemasdeconflictosmentalescomportamientos evaluación ascendencia decadencias psicológicas". Dos caras un mundo, la parte oscura de la vida misma, fuerza universal mental capas de que si no se frena doblega hasta la voluntad propia. Casos reales de que hasta los mas lucidos cuando la parte oscura de la vida invade nuestro ser, somos seres vulnerables a cometer acciones impropias de hasta de pertenecer a la humanidad

Pero dentro mi análisis psíquico mental todo comportamiento tiene secuencias", que es en donde la parte oscura de la vida asé ese papel dentro de la fuerza universal mental, sus conflictos e batalla. Ya que la fuerza mental puede hasta vencer la muerte doblegar la voluntad si los potros salvajes de la mente se nos sueltan dentro del corral mental

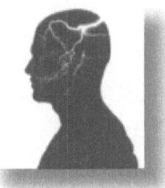

Análisis psicóticos

*P*anel mental; estructura psicótico, el análisis de la salud mental tiene un precio; ya que la debilidad de voluntad propia en frénale la esquizofrenia, la fobia, se cubre de temores, fantasmas, apariciones, recuerdos, conflictos, batallas; donde la noción del tiempo se pierde en la parte mas oscura de nuestras vidas para estacionarse en el desierto de tinieblas mentales

Por lo tanto actuamos inconcientemente ya que nos convertimos en parapetos sin voluntad, destrozo de cuerpo y alma. Queridos lectores lo psicóticos esquizofrénico, estrés, traumas, bloqueos, deterioro cerebral destruye sueños paz, en los descansos mentales.

Pero en mi análisis de evaluación no siempre el enfermo esta enfermo aunque pueda actuar como tal. Ya que cuando la mente pasa por estos estados de conflictos mentales, la noción del tiempo se pierde como por arte de magia en el vehiculo mental:

Obviamente reitero lo dicho trance perdida de noción incertidumbre desvelos insomnio, pesadillas fenómenos y hasta deseo de morir. Algo que solo una persona con este estado de confusión mental intentaría hasta contra su vida o contra de la de otros. Por lo tanto el deterioro cerebral requiere tratamiento, pero no siempre un calmante pudiere ser la solución a tantos problemas que aquejan la sociedad humana. En lo cual", ya no se sabe a ciencia cierta si existen mas locos en la calle que en los mismos hospitales de siquiatría:

Queridos lectores la psicosis viene siendo una perdida de la realidad en la batalla del tiempo cuando los ajustes mentales desfrenados del diario vivir cotidiano invaden los corales de los portales de la mente trayendo la parte oscura de la vida, retrocediendo el tiempo vivido. El amargo lo inolvidable de los momentos de fobia, tristezas desilusiones; pero quien comprende la mente espirita entonces todos fuéramos locos:

El panel mental la estructura sicótica la consistencia el cansancio mental, el estrés, genera depresión. Este estado de hipótesis genética es parte de nuestro ser en síntomas de comunicación, vía mental. Ya que la batalla mental solo una luz celestial unificando el trance, la elevación nos fortificaría para desafiar las fuerzas de la parte oscura de la vida que nos rodea de in regulaciones mentales desacuerdos de la vida misma.

Los síntomas de de desordenes mentales es un descubrimiento sin final, ya que una salud mental de consistencia puede variar en términos de segundos. Ya que una hipótesis mental puede ser genética o creada, ya que dentro de los límites de tolerancias de la mente existe la actitud positiva como la negativa, que es la parte oscura de la vida, de la cual formamos parte de ella. Ya que cuando los potros salvajes de la mente se nos sueltan en el coral de la mente si no los frenamos ya ustedes saben a ver al siquiatrazas acuérdense que la psicosis es cuando

LO PSICÓTICO. DONDE SE PIERDE LA REALIDAD

se pierde la realidad pero no quiere decirse que uno esta loco de remate:

El pensador

Dedicatoria

Dedicatoria- si del camino soy, *el andar más de la luz fuese el umbral vida de la vida que soy. Porque de la gracia del cielo, la medicina celestial refleja en mi para sustraerlos análisis mentales. Mas del comportamiento mental la gracia, si mi virtud a través de mi fe fuere la cura de los males.*

Espero que este mensaje no llegue a mi vacío en haciendo que cada párrafo de este manuscrito basado en la parte oscura de la vida pudiere traer luz, donde las tinieblas mentales imperen dentro de los conflictos mentales de la humanidad.

Más recuro al faro luminoso para que de mi encuentro con lo celestial pueda yo, traer luz mental, donde la parte oscura de la vida y los potros salvajes de la mente puedan ser frenados en vosotros viviendo en lucidez, recapacitar en actitud positiva. Dentro del comportamiento mental.

Mas al éntrale al portar de la razonar visualizar, abrir los ojos que tal ves no quisiéramos ver la –parte oscura de la vida misma.

Es tan así queridos lectores en ese preciso momento, donde entra el ojo mental. Lo cual equivale a una fuerza de atracción universal mente; tanto para logros como para fracasos de fobias vividas con el ojo mental cerrado.

Por lo tanto, dentro de estos temas la fuerza mayor la mente espirita poseedora de un ojo mágico va mas allá de la realidad la practica el estudio. Cuando la masa giratoria del celebro abre el ojo, la imaginación entra en estado de acción, reaccionando, analizando, prendiendo el bombillo, para poder ver mas en la luz despejando la duda de tinieblas de la parte oscura de la vida.

Por otro lado, cuando el ojo de la mente esta abierto, entra en resonó sin conflictos mentales mas en los encuentros de la misma fuerza de atracción y refección. Ya que dentro del comportamiento mental la batalla dentro de la oscuridad invade al cuerpo y alma dentro de estados de tinieblas, algo que todavía, ni la ciencia misma no ha podido llegar al meollo de los conflictos mentales. Mas dentro de mi ciencia el ojo que todo lo ve Dios fuerza universal la unificación con el mundo celestial pudiere ser la respuesta a tantas preguntas de la humanidad dentro de los conflictos mentales

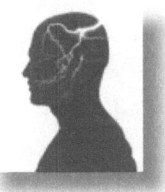

La Fuerza Universal de la Mente Dios mente Dios

Hagámonos realidad si nuestras mentes en vía de ascendencia; luz del universo alumbraran el camino de la paz.

Hagámoslos realidad; que el sendero de paz sea el camino claro de vida; sembremos esperanza de fe.

Hagámoslo realidad que la verdad de vivir sea vida sana en cuerpo y alma

Hagámoslo realidad que el mensaje de Clerides mental traspase los limites, donde la parte oscura de la vida no existiera

Hagámoslo realidad saquemos los potros salvajes de la mente frenemos los pensamientos impuros de los conflictos mentales para dar comienzo a la vida después de esta vida.

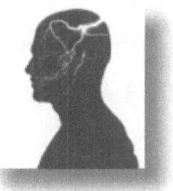

El Ojo Mental

El ojo mental pinta de colores la vida", si la lucidez de lo positivo aleja las tinieblas de la parte oscura de la existencia. Más obviamente reitero que si del lienzo que pintaras dentro de la masa giratoria mental espirita la pudiéremos pintar de colores de alegría. Mas si el epicentro del pensamiento pudiese ser sano colores de felicidad viviere el mundo si lo creado encontrase el faro luminoso celestial, en viviendo en paz y armonía universal mental:

> *Pintemos la vida de colores sembremos la semilla de la paz*
>
> *Pintemos la tristeza de alegría en sueños de sonrisas realidad*
>
> *Pintemos en el alma la esperanza conquista de ese padre celestial*
>
> *Pintemos la vida de colores remansos de consuelo celestial*

Acordemos que podemos ser más de lo que somos y más con la fuerza mental

: La inteligencia es la que mata la ignorancia:

: recure a ella:

: La realidad es no vivir del engaño:

{Set realista}

La paz mental abre los portales de luz

{Elimínate}

El derecho propio es la superación

{No te detengas}

La recompensa esta en los logros

{Siembra para el futuro}

La clave del éxito esta en la superación

{Supérate}

No existe verdad sin mentiras si no con el cristal en como se mira

{Aclara tu mente}

Estimular la mente en lo positivo es de sabios

{hazte merecedor}

El dialogo mental ilustra la mente hablarle

{Edúcala}

El estimulante mental es medicina de sanidad

{Cúrala}

La apariencia es debilidad de no ser lo que eres

{Recapacita}

La falta esta en los hechos

{Piensa antes de actuar}

La responsabilidad esta en los hechos

{No pierdas tu tiempo}

La responsabilidad es crear conciencia
{Hazte responsable}
El crear conciencia es enmendar errores
{No te olvides}
La educación mental es ser astuto
{Vive el presente}
El progreso mental es crear para el futuro
{Cultiva tu mente}
El estudio de analizar mental educa la mente
{No te olvides}
La llave del portal solos lo abre con la superación
{Edúcate}
La vida no es pretender lo que no somos
{No te engañes}
El instinto abre puertas al futuro
{Edúcate mentalmente}
Si tan solo pensares ir llegar mas Allah lo logras
{Entonces podrías llegar}
La realidad no es vivir de la mentira
{No te engañes}
El deseo de triunfar, si persiste se logra
{Note detengas}
Si pensares llegar mas Allah podrías llegar
{No te detengas}
El deseo los logros triunfa
{Si persitas}
Lo negativo crea negativo
{Sal de ese vicio}
Lo que aprendemos d la vida es emprender otro camino
{donde el mal camino termina}

Olvidando el pasado oscuro de la vida
{Te hace triunfador}
El deseo del poder esta solo en lograrlo
{No te olvida}
Lo que escogemos es lo merecido sea bueno o malo
{Recapacita}
Lo que merecemos es la acción de lo que hacemos
{No siempre el pensar esta correcto}
La intimidad es el temor a afrontar la realidad.
{Afróntala sin miedo}
Las actitudes errores son malos hábitos creados
{Sal de ese mundo}
El vivir del pasado no crea futuro ni presenté
{Olvida ya lo oscuro de la vida}
El creer en vosotros nos crea logro metas
{No te detengas}
La confianza en si crea triunfos
[Si lo creyéremos, positivo}
Lo vivido nuca termina mientra exista la esperanza
{No te rindas}
Las relaciones de la vida no son eternas
{Olvida ya}
Lo sucedido de la vida solo es lo creado
{Recapacita}
El poder mental sano tranquiliza al alma
{Vive de la fe}
Los miedos solo son dudas de si mimas
{Recapacita}
Amarse a si mismo es crear felicidad
{Piensa en ti}
El malo que pensares solo trae malas consecuencias

{Aclara tu mente al lado positivo}
El rechazo mental negativo evita pesares
{Evítalos}
Reprender la acción, es frenar a tiempo
{No lo hagas}
La disciplina mental crea paz para si mismo crea
{Acto de reelección}

Objetivo de conducta mental Apuntes escogidos dichos y pensamientos

El rechazo al progreso
: Solo atrasa:
Los disgusto no son paredes traspásalas
: No le temas a la vida:
La discordia es la soberbia mental
: aclárala:
Los desequilibrios mentales atrasan la vida
¿Porque recházalos?
El confiar en ti es luz de progresó
: alumbrare:
La mente Pienza pero no obliga
: Edúcala:
La cólera interna no te deja pensar
: analiza:
El disgusto mental solo frustra la vida
: evítalos:
Crear conciencia es enmendar errores
: No discutas más:
La desnutrición mental es ser débil

: Hazte valiente a la vida:
La capacidad mental clara evita problemas
: Piensa bien en lo positivo:
El derecho de vivir en paz es crear paz el yo
: Evita problemas:
L a negación de vosotros es no querer admitir
: Si se puede:
El aislarte del mundo de logros
: Es no llegar a la meta:
La negación de no lógralo no es motivo de no tratar de nuevo
: A la larga hay vencida persiste:
La infelicidad es motivo de desconfianza propia
¿Porque dudas de ti?
La inseguridad es desconfianza mental del yo conciente
¿Porque no pensar en Dios?
Lo que al se piensa mal tentación de fracaso/
: Pienza lo que haces
La inseguridad de defecto de dudas
No prosigas
Las malas decisiones es lógrale la liberación mental
Analiza
La paz es lucidez
: Liberarte:
La infinidad de vida es confianza propia
: No dudes de nada:
El ejemplo de recapacitar te libera
: De los errores:
El éxito esta en la vencida no te detengas
: Porque querer es poder:

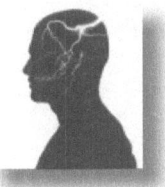

La Fuerza Universal de la Mente

¿Quienes somos? nada mas de lo que somos o seremos a través de la fuerza universal de la mente en disciplina de la ascendencia espirita para encontradnos con el yo de luz que elimina nuestro sendero.

El pensador

Prólogo
El Poder Mental

*E*ste libro esta basado en intuición mental en donde un faro luminoso es la guía ascendente la divinidad de lo celestial y la fortaleza mental de que querer es poder. En cada detalle de trasmisión mental, es la evidencia de lo vivido y el análisis de la existencia de la fuerza universal, que se mueve a través de la mente espirita, un mundo de conflictos mentales de dudas que crean dudas o aceptaciones de lo que somos en si seres humanos.

*E*stas consideraciones del comportamiento mental y la capacidad de cómo se desenvuelve el panel mental en las contiendas de la vida, reflejan los episodios de la vida misma dentro de las memorias datos vividos. Es donde la memoria guarda los datos de un comportamiento luminoso de acciones, reacciones, movimientos y nociones premolares de la conducta mental.

*A*l grado sagrado de divinidad en acuerdo a la existencia humana dentro de su comportamiento giratorio de acciones, lo cual dentro del despertar de la duda, es la verdad que nos circunda como seres humanas en viviéndolo sublime y lo amargo de la parte oscura de la vida que nos encadena a un *pasado estacionando la memoria el recuerdo en retrocesos de partes oscura de la vida misma.*

Las cuales queridos lectores *menoscaban en algunas ocasiones la parte formal de nuestras vidas en trasformar la lucidez por la sombra oscura de la vida, la cual todos cargamos en nuestras espaldas.*

Mas es en donde comienza el extraño proceder *del comportamiento humano en la reflección de culpas o la culpabilidad mas en muchos casos la victima de las circunstancia. Ya que los vínculos mentales son en si la vida palpable, vía ascendente de la parte formar de lo que somos en realidad, maquinas del tiempo con memoria y mente surtido de todo para la supervivencia humana en pruebas, choques y desafíos de la súper vivencia.*

Obviamente, la explicación tiene una razón de ser; enfatizar lo positivo de la vida y explorar la razón. Ir en busca del faro luminoso de la razón, explorare la actitud mental haciendo análisis de vigilancia para la calida de vida y ser el arbitrio de la mente en tomar decisiones correctamente. Significa lucidez mental instinto, lo cual nos lleva a las conclusiones y decisiones. Pero no sin antes comprender que detrás de la lucidez, se esconde la parte oscura de la vida misma dentro de los dos estados corporales, sea el negativo como el positivo físico y espiritual.

La población mental queridos lectores y la armonía eterna en si tienen un fin y conlleva estudios concienzudos de reflección imaginaciones instintos nociones análisis. Ya que La vía filosófica es parte del panel mental en donde la memoria, la conciencia guardan los datos de la supervivencia humana. La cual reitero, que detrás de la lucidez, siempre se esconde la parte oscura de la vida, sea cual, sea el caso de lucidez, ya que un comportamiento mental puede barrial en milésimas de segundos de acción a reacción.

Obviamente, reitero que parte de descubrir radica en el factor tiempo del núcleo de la masa giratoria del cerebro. Lo cual en términos de estudios concienzudos en la determinación del comportamiento humano Todavía la verdad desnuda vive presente y en la duda florecen nubes de oscuridad, que todavía no han llegado a la luz de la verdad en lo referente al poder mental dentro de su comportamiento e evolución.

Al referirme a este tema del poder mental, la solución de las preguntas puede venir de la Divinidad Celestial. Para encontrar la respuesta de lo que es el poder mental en su estado de armonía eterna, lucidez regida por el faro luminoso de Divinidad Celestial para poder llegar al meollo del epicentro. Es donde se pueda descifrar la verdadera razón del comportamiento humano en su totalidad.

Dentro de estos datos, la reprobatoria esta en pasar dentro del túnel oscuro de la vida y dejar atrás los conflictos internos. Exclusivamente, la soberbia y no perder la batalla con la noción del tiempo y sobre examinar para poder analizar en donde esta la falla del cuerpo al deseo. Una mente positiva crea vida y deseo de vivirla. Por la otra cara de la moneda, lo negativo es vivir frustrado, desorientado, sin ánimo de vida e incapaz de la sobrevivencia humana.

Este tema dentro de los vínculos de la vida mental, la mente espirita tiene los misterios", lo cual descifrar ese faro luminoso de la divinidad del principio. La vida es un soplo y la mente rige el comando de la existencia, el comienzo que anima la parte estructural, sea el cuerpo y la mente espirita vendría siendo el cuerpo vida que el creador deposito en lo creado.

El pensador

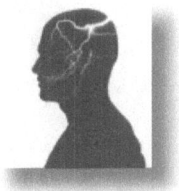

Contenido

*E*ste libro implica mi vida dentro de lo más profundo de mi alma. No son los párrafos de este tema mental lo cual pongo a sus disposición, sino la contienda en como dentro de nuestro cuerpo, afrontamos en nuestro diario vivir, el comportamiento mental lo cual hace de nosotros instrumentos flexibles al antojo mental que rige nuestro destino.

Ya que vivir sana mente o bajo la presión de la esperezas, nos sitúa entre la espada y la parel a la merced de el comportamiento mental nos aflojan los tornillos del celebro. Sin risas". Que estamos hablando en serio; pero reír es parte de la alegría de la vida y una buena terapia en contra de la tristeza.

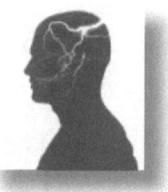

La Meditación

En nuestro mundo de hoy, la vida se desenvuelve muy aprisa, debido a los requerimientos de esta civilización influida por la tecnología y donde el factor tiempo es de vital importancia.

Como lógica consecuencia de la velocidad con la que nos vemos forzados a actuar en el diario vivir, dejamos atrás muchas cosas importantes; las olvidamos o simplemente las pasamos por alto sin permitir que dejen huellas en nuestro recuerdo.

Por lo tanto queridos lectores una gran parte de los seres humanos alrededor del planeta confrontan a cada paso fenómeno de nuestros días que parece haber llegado para quedarse. Esa aceleración, tan estresante para la actividad humana que puede conducirnos a severos desequilibrios en nuestra estructura psíquica y física causándoos por la tensión nerviosa derivada del extraordinario cúmulo de actividades a que nos dedicamos parte de la vida en si, donde el papel de la mente en el vehiculo mental se estaciona en la parte oscura de la vida para atormentarnos el existir.

En medio de esa atmosfera de dolorosas experiencias, parecemos ignorar la causa de nuestro desasosiego. Este es causado por el descuido de la parte esencial de nuestra *existencia: la espiritualidad. Nos dejamos apabullar por los problemas que se nos presentan en los negocios y en la sociedad y hacemos lo indecible por resolverlos.*

Mas obviamente reitero En el proceso, *nos olvidamos de nosotros mismos y al final salimos mal parados, porque quien asume el papel de redentor siempre sale crucificado. No es que no nos envolvamos en la solución de las dificultades cotidianas de nuestro prójimo, pero también es nuestro deber el concedernos tiempo a nosotros mismos para lograr nuestro solaz espiritual, liberándonos así de las limitaciones materiales de pruevas y choques a las que estamos expuestos através de la casa mental.*

Por lo tanto queridos lectores *Debemos controlar los potros de la mente tales como preocupaciones, enojos, odio, cítricas mal intencionadas, dolor, pasiones desenfrenadas, (lujuria), engaño etc. La técnica que puede dominar esas tendencias se denomina meditación por cuyo ejercicio podemos desarrollar nuestros niveles de súper conciencia a un estado de Clerides.*

Yo Misael, deseo explicarles la necesidad *que tenemos los seres humanos de disponer siquiera de unos minutos cada DIA para dedicarlos a la meditación. A través de esta practica, estaremos sosteniendo un encuentro cercano con Dios y sus emisarios. La meditación es una comunicación directa con Dios que facilita el despertar de las facultades espirituales del hombre con trascendencia en la vida física.*

Lo cual Ha sido practicada por los grandes sabios y son de todas las épocas como el medio más adecuado para lograr el acercamiento con la divinidad y sus colaboradores y nutrir la mentalidad de actitud positiva en los ejercicios mentales de relajamiento.

La paz permanente, la verdadera serenidad mental se logra meditando. Desde luego, la meditación tiene sus técnicas. Es de suma importancia que todo principiante sepa como paso inicial que esta ciencia es el medio para emprender seriamente una profunda búsqueda de si mismo. Les recomiendo que comiencen con ejercicios de concentración para desarrollar la atención como forma de expulsar los pensamientos incorrectos. Esto se logra por dirigir el enfoque mental hacia un solo punto; ya sea una idea o un objeto como un lápiz u otro reiré, deseo de superación mental.

Por experiencia, se que esta no, no es una tarea fácil, pues "la loca de la casa," que es la mente, se resistirá y tratara por todos los medios de introducir todo genero de ideas para distraer al meditador. No se desanime por eso, siga adelante y haga caso omiso a todas las imágenes, que aparezcan durante el proceso de su concentración y estas desaparecerán, si persisten, continúe firme en su propósito.

Por lo tanto en este estado de practicas mentales; Usted estará comenzando a saber como opera y como se controla la mente y por consiguiente a conocerse a si mismo para poder conocer a los demás.

La concentración no es la meditación en si, pero prepara el terreno mental despejándolo para llevar a cabo la meditación en forma exitosa. Ya tratare en un próximo libró este tema con mayor amplitud. Con este conocimiento, aumentara su salud física y mental y usted adquirirá mayor conciencia de su ser espiritual y las fuerzas del mal huirán de su lado. Por lo tanto queridos lectores; Una cosa es pensar y otra meditar porque al meditar nos liberamos de las ataduras del pensamiento impuro manteniendo la fijación de una sola idea mientras dura la meditación. Cuando por teste proceso el pensamiento del cerebro se detiene, se revela en: nuestro ser la naturaleza divina. Si hacemos de la meditación un ejercicio permanente, poco a poco experimentaremos cambios favorables en el psíquico y en lo físico e espiritual.

Es conveniente, pues, prepararnos para corregir nuestro ego desequilibrado que es la causa de todo tipo de caídas. Téngase presente que la mayoría de nuestros fracasos no vienen solos, son consecuencia de una mente retirada de Dios. Entonces, si escogemos el camino equivocado, no culpemos al destino por nuestro desacierto. El que peca a sabiendas, no tendrá excusas cuando tenga que afrontar las consecuencias de sus actos.

Lamentablemente, a alguien así, su propia conciencia le atormenta sumiéndolos en un pantano de dolor o presentándole su cuadro de culpas que les estorban cuales muros en un callejón sin salida.

En esos precisos momentos, cuando somos sacudidos por la avalancha de una crisis emocional, recurrimos a cualquier aliciente, incluso, a pedir perdón por nuestras acciones impuras.

Entonces, si que recurrimos a Dios, a todos los santos, a los cuales habíamos hechado al plano del olvido, desconociendo al buen amigo que es nuestro Señor y sus huestes divinas comportándonos como San Pedro que negó tres veces a su maestro, ya que cada cual somos dueños de nuestros fracasos e alegría.

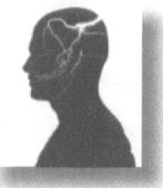

Letargos Mentales

D*e este tópico queridos lectores,* la mente extrae del pensar lo cual puede ser de recuerdos como de deseos de sentimientos o de tentaciones. Ya que en cada instinto mental puede tener acción como reacción un comportamientos lo cual equivale a los hechos; si dentro del pensar no se frenase pudiere convertir en un desastre por las consecuencias". Huellas que en muchas ocasiones dejan bloqueos, traumas, fobias, torturas, mentales conflictos batallas sin fin:

Más es tan así que dentro de los desafíos el estado mental se deteriora cuando los potros salvajes del corral de la mente no se les ponen freno. Lo cual queda demostrado que la mente espirita manipula la existencia si nos dejamos por el manipular, pero de algo estoy muy cierto que no obliga al hecho solo porta la idea mas por otro lado seria igual que si nos atáramos al pasado de la parte oscura de nuestras vidas sin olvidar o por lo menos tratarlo

Los conflictos e batallas mentales forman parte de nosotros por lo cual quien no tiene una parte oscura dentro de la vida allá pasado por el trago amargo de fobia, desilusiones, fracasos, genocidios o tormentos entonces no es humano.

Ya que con solo formar parte del núcleo humano, el cual somos poseedores de la masa giratoria la mente espirita. El epicentro de la misma vida soplo de la creación. Pero si lo viéramos desde otro punto de vista como serian los cuerpos sin cabeza para pensar, mas si tan solo analizáramos que dentro de los estados de conducta, solo la educación mental podría frenar los instintos carnales equívocos negativos en nuestras vidas. Porque si todo lo que pensáramos lo hiciéramos no existiría parte formal ni moral ni espiritual. Seriamos parapetos de caprichos con mentes desordenadas de conductas:

El frenar los potros salvajes de la mente no es detener el tiempo o ser santos sin manchas de pecados. Ya que todos tenemos una parte oscura en nuestras vidas, solo bastaría hacer acto de conciencia un auto análisis de lo conveniente o lo perjudicial. Queridos lectores obviamente reitero que la mente es divinidad celestial cuando se formaliza en responsabilizad de los actos; pero el cuerpo corporal vive de instintos carnales deseos sentimientos de inocencia y culpabilidad por que somos dueños de nuestros actos y no es siempre culpar al demonio de lo que nosotros mismos planificamos o hacemos de nuestras vidas

Tal ves como todos no pasamos por los trastornos de un pasado oscuro; el cual ha dejado huellas en nuestro existir, siendo solo victima de la cobardía, excluyó estos actos pero tampoco los apruebo. Ya que para vivir atado a un pasado que solo de pensarlo se nos erizan los pelos de fobias, los temores de lo sucedido; mas de mi confesión como confesados y consejero espiritual he tenido que escuchar casos de pederastas y lágrimas de dolor en las *confesiones desilusiones amorosas tormento traumas dolor de tristeza etc...*

Mas quiero obviamente reitérale que estos estados de conflictos mentales son dignos de pena pero la vida continua y la motivación levanta la moral si dentro del faro luminoso celestial buscáramos el refugio y la paz mental. Porque los calmantes solo detienen el tiempo pero al despertar del letargo de la medicina caemos al mismo abismo, mas no es que dentro de la ciencia no exista la medicina, pero una dosis celestial pudiere ser la cura a tantos males que aquejan la humanidad en los conflictos mentales:

Queridos lectores todo comportamiento tiene ajuste de programación, ya que solo una mente masoquista podría pensarlo diferente, ya que el guía de trasfixión mental sustrae las ideas y las pasa por la masa giratoria, la envía a la memoria a los sentidos. Pero algo asombrazo tiene la mente espirita que también advierte de lo que puede suceder en las consecuencias de los actos, así que al parecer la mente es loca pero no tanto como se le quiere hacer ver en tantos hechos sucedidos de lucidos en estado de planificación de actos.

Logros De Reflexiones Mentales

La equivalencia de la conducta mental juega un papel muy importante en nuestras vida que es vida durante la pelegrinación, mas enmendar es abriré el ojo mental a la realidad para poder hacer análisis de una mejor vida logros e conquistas o tal ves fracasos, ya que la actitud mental positiva equivale al éxito

Por lo tanto un auto análisis de conciencia en despojar la mente de recuerdos impuros deseos malignos ideas descabellantes nos sitúa en un estado de luz y con el ojo de la mente alerta para sacar del medio la parte oscura de nuestras vidas. Algo fascinante la reflección cuando en enmendar los errores. La mente espirita el epicentro de la vida misma esa masa giratoria que es el timón el guía de la estructura del cuerpo físico el vehiculo mental:

Queridos lectores: cuando nos envolvemos dentro de las batallas mentales el comportamiento muchas veces pierde la razón el juicio, ya que la rabia emperra, reaccionamos, atacamos, ya que este estado negativo no razona, sino acciona como auto defensas, en donde la mente equivoca negativa rechaza el entendimiento y la conducta desordenada abarca los sentidos dejándonos en tinieblas, ya que esos precisos momentos quedamos barrados en la parte oscura de la vida.

En la actitud mental el juicio la razón la conducta adecuada sana seria la dosis de alivio mental, pero viendo el mismo ciclo humano en como define en muchos casos nos convertimos en victimas de nuestra propia mente mas aunque se pueda decir que cada hombre es un mundo dentro de su pensares. No querría decir que la mente espirita no se pudiere corregir, ya que dentro de mis análisis e podido determinar como mismo dice el dicho mente sana cuerpo contento

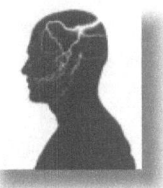

Entonces Vamos Al Grano
del Meollo Preguntas

La cara sonriente
¿Como se ven ustedes cuando están felices?
¿Como se ven ustedes cuando sonríen a la vida?
¿Como se sienten cuando todo lo tienen?
¿Como se sienten cuando la vida les sonríe?
¿Como se sienten cuando la vida es de color rosa?
¿Como se sienten cuando el amor toca su corazón?
¿Como se sienten cuando de nada carecen?
¿Como se sienten cuando tienen salud?
¿Como se sienten cuando tienen suerte?
¿Como se sienten si los logros has conquistado?
¿Como se sienten cuando su hogar es de paz y armonía?
¿Como se sienten si cada noche es de dulces sueños?
¿Como se sienten cuando no tienen problemas?
¿Como se sienten si la paz vive en ustedes?
¿Como se sienten si todo les sonríe en la vida?
¿Como se sienten cuando en paz consigo mismos viven?
¿Como se sienten cuando están conformes?
¿Como se sienten si la paz de dios vive en ustedes?

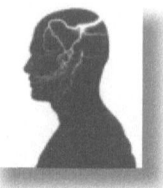

Las Dos Caras De La Vida

S i las dos caras de lo que fuéramos el espejo de lo que somos nos miramos para miradnos, seriamos lo que reflejamos. Entonces estas preguntas si tuvieran una respuestas. Ya que una cara sonriente refleja felicidad alegría risa satisfacción conformidad deseos de vivir; mas la vida seria de color rosa", perfumando todo a nuestro alrededor. Ya que una cara sonriente u una mente sana es como el espejo del alma misma.

Mas obviamente reitero que si el mundo fuere una sonrisa. Entonces", la vida dentro de lo creado fuera de rayos de colores ultravioleta en vivir en tan hermoso planeta tierra. De lo cual este estado en donde yo hago las comparanzas de la las actitudes y los comportamientos mentales'. Es para distinguir la parte clara de la vida y la parte oscura de la vida, la moneda de dos caras, el reflejo de lo que somos y de lo que podemos ser. Ya que si lo queremos podemos ser más de lo que somos, ya que un poder mental positivo es la fuerza mayor para que la vida nos sonría y sea color de rosa en el vehiculo mental positivo:

Tal se rían y hasta puedan pensar este Misael esta loco, si pensare que la vida pudiera ser color de rosa. Pero si no se le ríe a la vida las caras largas y tristes matarían las alegrías de vivir hasta en Dios mismo y en la fe y credos. Ya que una sonrisa a flor de labios entre lo creado alegraría el existir, entonces no estoy tan loco, que ustedes creen.

Obviamente este planeta tierra y sus habitantes sérianos *claridad y no la parte oscura de la vida, ya que la fuerza universal de la mente tendría el umbral celestial y no el pensar sin razonar de un mundo que en muchos casos pierde el juicio hasta con Dios en amar con odio, algo que se ve a diario dentro de los comportamientos mentales.*

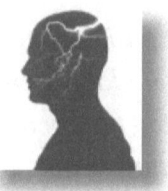

La Cara Triste

*Q*ueridos lectores: *dentro de estos análisis de los reflejos del espejo de lo que somos, pudiéremos distinguirla estado mental cuando sonreímos o por ese otro lado el ogro, la rabia, el impulsó en si la ceguera mental, que es la que nos hace ser seres sin control. Lo cual las consecuencias siempre traen a nuestras vidas secuencias arrepentimiento de actos de culpabilidad en cuanto perdemos el control mental de lo que somos en el yo conciente mental.*

Ya les expliqué de la vida de sonrisa de colores de felicidad de amor, de satisfacción, lo cual hasta el espejo en el cual nos miramos, brilla mas por ver la cara sonriente y nos convertimos en brillo natural porque todo brilla a nuestro alrededor. Mas el karma alúmbrale aura haciéndonos hasta más hermosos de lo somos; brillo por lo natural de la cara sonriente, cuando la mente esta sana sin conflictos mentales, somos aire de pureza en remanso de paz mental.

Mas obviamente todo tiene el pro y el contra y esta explicación es inversa a la cara de alegría y la mente sana en si la bestia, los potros salvajes sueltos en el corral de nuestra mente con la cara larga, arrugas, pelos parados, boca torcidas, cara de ogro, que lo único que nos faltaría seria los cuernos para parecernos a lo mismo malo que esta el mismo espejo que se asusta al vernos con una actitud que ni el mismo diablo, nos soportara y esto no es para que se rían.

Porque si el reflejo del alma vendría *siendo el alma imagínense como estaríamos por dentro, cuanto ni las azucenas nos huelen y hasta la misma vida nos apesta. Figúrense entonces los que están a nuestro alrededor cuando la parte oscura de la vida nos cubre los sentidos de tinieblas trasportándonos a la parte oscura de la vida.*

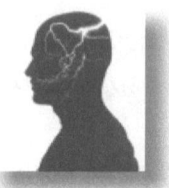

Lista De Caras
De Disgustos Mentales

Preguntas

¿Como te sientes cuando la vida te apesta?

¿Como te sientes cuando no tienes paz mental?

¿Como te sientes cuando no eres feliz en vida?

¿Como te sientes cuando estas triste?

¿Como te sientes cuando todo te falta?

¿Como te sientes cuando estas enfermo?

¿Como te sientes cuando vives amargado?

¿Como te sientes cuando el mundo se te viene encima?

¿Como te sientes cuando estas solo?

¿Como te sientes cuando nadie te quiere?

¿Como te sientes cuando eres un cero a la izquierda?

¿Como te sientes cuando tienes disgusto?

¿Como te sientes cuando no tienes paz mental?

¿Como te sientes cuando la ira que coraje te invade?

¿Como te sientes cuando pierdes el control?

¿Como te sientes cuando pierdes el deseo de vivir?

¿Como te sientes cuando estas desilusionado?

Imagínense ustedes cuando uno se levanta si haber dormido por los conflictos mentales con la cara de perro rabioso, mas larga de la cuenta. *Que hasta los zapatos que nos ponemos ni nos quieren servir y el espejo del baño se opaca por no vernos la cara de rabia. Mas obviamente reitero, que esto al parecer tenga gracia por la forma de mi explicación de los comportamientos mentales dentro de la lucidez o por otro lado la parte oscura de la vida.*

Mas la diferencia de este estado de disciplina o comportamiento mentales de la cara sonriente y la cara triste, si tiene que ver como la mente espírita que presenta las dos caras de la vida, la fuerza universal mental; la cual dentro de sus principios, comportamiento, ideales, credos, orígenes marca la diferencias de comportamiento mentales de las conducta humana en el vehiculo mental.

Obviamente los conflictos mentales diferencian hasta los ideales según sean los casos; pero ¿quien entiende la mente humana, en su conducta, que dentro de la acción está la reacción? En sí queridos lectores: un ajedrez un rompe cabeza. Ya que dentro de los sentidos el celebro sea la masa giratoria, recibe, concibe atrae y rechaza. Es tan así, que solo definir el comportamiento mental en su totalidad y juicio de arbitraje, solo Dios universal tendría la respuesta de la mente espírita para frenar los impulsos malignos mentales.

Mas descífrale costaría decir vida, Epicentro, guía, timón, eje que manda con el comando del cuerpo físico. Por eso las dos caras de la vida, la triste, la alegre, lo lucido, la parte oscura de la vida entra en la evolución de ser seres dotados de inteligencias con análisis de arbitrio propio;

Un cesto sentido, una memoria, conciencia y subconciencia. Lo cual este estado de auto conciencia, si lo creado llegare a comprender la equivalencia de lo que es en si el poder de la fuerza universal de la mente fuéramos dotados en grandeza de poderes y además seriamos más de lo que somos.

Pero la parte oscura *de la vida en los conflictos mentales y la debilidad, consume las defensas de lo positivo creando tinieblas, atando al pasado con el presenté para atorméntale la paz mental. Mas e aquí en donde la comparanza de las caras sonrientes y las caras tristes de la vida dentro de las batallas mentales, pueden hacer del juicio, injusticias, desordenes, traumas, bloqueos, fobias y hasta paralización de la noción del tiempo.*

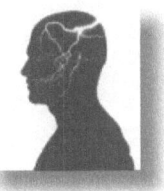

El Desarrollo Mental

Como notaran en mis análisis de los comportamientos mentales; la batalla entre la razón.

Y los desajuste, a los que estamos expuestos, comparablemente, como maquinas del tiempo, ya que esta la noción del tiempo se pierde dentro del crecimiente que crea diferentes etapas de la vida en el vehiculo mental.

Pero el mejor ejemplo es la niñez esa forma extraña que tienen algunos niños que se alteran les da rabia hasta son mentes pequeñas, pero bien inteligente como seres manipulistas. Se tiran al piso, ponen cara largas, se dan con las paredes, rompen lo que encuentran; mas aunque todavía no han entrado al mundo te juventud, aprenden por la fuerza mental y capaz de doblegar hasta los mayores en dominar las acciones.

Es tan así, que la forma de ejecutar el comando de los niños; tiene mucho que decir de la mente espirita, las reacciones, voluntad, evolución y, principio. Mas ustedes se preguntaran como es posible, si solo es un bebe como se enoja para conseguir lo que desea. Algo de este estado mental un poco extraño, pero es la realidad de lo que somos mentes superiores que se pueden desarrollar de diferentes *maneras desarrolló. Principio de las dos cara de la vida súper mente.*

Por lo tanto, dos caras de los bebe, la sonriente cuando están contento y la carita de enojado cuando buscan el dominio de la manipulación para poder dominar la situación.

Otro caso de estos estados de crecimiento, *desarrollo es la juventud, la cual hasta puede perder el control, la astucia, la planificación los deseos, mentes que se abren para el comienzo de llegar a ser hombres o mujeres. Un estado donde la razón muchas veces no razona, ya que se entra al crecimiento de joven a adulto en la actitud del comportamiento mental.*

Obviamente queridos lectores, *etapa muy peligrosa en desarrollo de poder, aventuras y desobediencia por falta de experiencias de la vida misma. Algo que no es in común, ni extrañó; etapas de desarrollos de ese otro mundo de crecimiento donde se aprende a vivir. Pero también el desvió mental, que se afronta en esa etapa de la vida, abre los portales a la vida de la otra etapa de desarrolló en donde todavía la mente no tiene vista, solo ilusiones, metas, estudios y algo más. Pero crecer es crear experiencias y acumular datos de ellas sean buenos o malo; pero no deja de ser etapa peligrosa o satisfactorias.*

Otra etapa la de hombre o mujer; *ideas, metas si piensa positivo, familia donde la gallina suelta a los pollitos a formal su propio nido, mundo de giros y cambios, crecimiento sin experiencias, mundo de desilusiones; sean malas o donde se piensa que el amor es color de rosa. Desarollo de la fuerza universal de la mente dentro de sus etapas de cambios.*

Otro mundo el del adulto la vejes: *las experiencias, lo vivido; ya que para los efectos por haber crecido dejando huellas de las etapas de la vida. Por mis análisis de conducta* *de las diferentes etapas de desarrollo mental, no quiere decir que no tenemos conflictos mentales. Al contrario, esa parte oscura de la vida misma nos hace perder el juicio y la razón. Entonces, lo vivido, los recuerdos, los fracasos y las desilusiónese acumulan para estregarnos nuestras acciones malas de conductas mentales.*

Más por otro lado obviamente reitero lo dicho, *que la actitud mental y la lucidez se puede perder en cualquier etapa de la vida, aunque uno sea ya un mayor, viejo, los potros salvajes de la mente se sueltan entre los más que estén en sus cabales de ilustres e inteligente. Así es que la loca de la casa, la mente puede variar en términos de segundos y lo peor del caso, que todo es premeditado para los hechos etapas de la vida del vehiculo mental.*

Por lo tanto estos encuentros *en donde los conflicto mentales empiezan a oscurecer la mente, la cual yo la llamo la parte oscura de la vida; no termina en muchos casos de entenderse dentro de su conductas, algo que todavía, ni la ciencia tiene el conocimiento absoluto de lo que en si es la mente en su comportamiento absoluto.*

Solo se sabe que es una masa giratoria de conductos epicentro del celebro, *ideas, trasmisor recibidor, memoria, acumulación de datos, conciencia, remordimiento, culpas, juicio de conciencia, bloqueos traumas, perdida de la noción, estado psíquico mental, un órgano, en el cual yo en mis textos lo llamo la mente espirita en toda la razón, ya que vivimos bajo su comando. Mas es el eje, la visión, el ojo mental para conducir nuestro destinos, si la usamos bien instinto propio de lo que si es la vida mental positiva como negativa.*

Sin dudas es sorprendente en como la mente, *el epicentro de la vida misma conduce la existencia. Mas mi* caso de expresión en hacer mención, desde un punto de vida espiritual, en donde el faro luminoso que es Dios, el soplo de vida espiritual; es la mente espirita la cual puede éntrale en trances a otros mundos, viajar al espacio, trasmitir ideas, pensamientos; maquina del tiempo de la existencia misma que son vehículo de navegación y el yo conciente la mente espirita.

Aun mas, quien entiende la mente estarían mas loco. Ya que si ejecutamos todos los deseos de la mental, otro gallo cantaría en nuestro corral mental. Pero es aquí en donde yo los quiero traer para frenar los potros salvajes de la mente. Ya que si no se le pone freno a la conducta mental, las consecuencias de nuestros actos nos pueden llevar a la perdición hasta los más que están en sus cabales e nobles y hasta los justo. Así es que la mente que no discrimina si uno es niño, joven, adulto para desviarnos del camino en los conflictos mentales de la parte oscura de la vida.

Reflección y recapacitar a tiempo es de sabiduría mental; ya que la fuerza universal de la mente es un súper poder si tan solo dominamos los instintos de los conflictos mentales y ponemos el poder mental en lo positivo. Solo así podríamos ser mas de lo que somos viviendo el presenté dejando la parte oscura de la vida atrás; entonces, existe el presente y el futuro de superación cuando tomamos la riendas de la vida por el lado positivo.

El pensador, el faro luminoso para aclara los conflictos mentales, es una dosis de lo celestial medicina que solo nuestro creador nos puede suplir la medicina celestial la paz de Dios sea con vosotros.

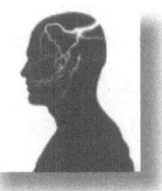

Una Dosis De Divinidad

Yo Misael, les aseguro que el alma que esta con Dios, el Diablo no se la lleva. No podemos olvidarnos de la existencia del todo poderosa como el aliado más fiel. Así no estaremos solos en las pruebas que se nos presenten dentro de los conflictos mentales.

Nuestro origen es Dios y Yo Misael les digo que quien vive desconectado de el, no sabe de donde viene ni hacia donde va. Debemos estar en contacto con el ser supremo en todo momento porque el dinamismo, la vitalidad de nuestra conciencia procede de el. Que mejor manera de contactarlo que a través de la meditación.

La mayoría de los seres humanos viven vacíos de espiritualidad. Se empeñan en vivir una existencia de complacencia sensual, olvidando la verdadera fuente del deleite, que es Dios. El es la causa de todo placer y nosotros, pobres mortales, no disfrutaremos de sus bienaventuranzas hasta que no nos purifiquemos y arribemos a la conclusión de que somos entes espirituales que debemos ser nutridos espiritualmente. Si nos aliamos a Dios y a sus entidades, obtendremos y recibiremos una ayuda generosa a través de sus emisarios en su complacencia de misericordia.

Yo Misael, les advierto que por más que nos afanemos en el aspecto material, Serra imposible satisfacer nuestros sentidos objetivos e internos si no añadimos a nuestro esfuerzo, el ingrediente de la divinidad. Ese ingrediente eliminara la tendencia que tenemos de considerar solamente la parte física de la existencia.

La manera más aconsejable de lograr la armonía individual, en si através de lo celestial, es por el sendero de la meditación. Repito: para meditar, necesitamos prepararnos, debemos conocer la técnica de esta benéfica práctica para que la misma sea efectiva y nos posibilite el ascenso a los diferentes niveles de conciencia.

Les advierto que la meditación no es un pasa tiempo, es algo muy serio. Yo les pregunto, ¿Creen que vale la pena invertir tu tiempo en Dios? Para mis es la mejor inversión que podemos hacer y no nos cuesta dinero cuando la parte oscura de la vida invade nuestro territorio mental en creando conflictos batallas mentales.

Los dones de Dios y las entidades espirituales mensajeros del reino de Dios en su misión he complacencias son gratuitos y esos seres de luz solo quieren que tengamos fe para renacer en la vida espiritual e aluminar nuestros sentidos en claridad de mente sana. Que limpiemos nuestro ser para entregarnos a la disciplina, que es la meditación a fin de que Dios y los seres de luz rijan nuestras vidas cuando caemos al estacionamiento de la parte oscura de la vida.

En su omnipotente misericordia al entregarnos a ellos en cuerpo y alma, vistiéndonos de espiritualizadnos traería fortaleza mental para combatir la nube oscura del mal de conflictos mentales.

El reino de los cielos debe ser descubierto en nuestro interior y la meditación es el medio para alcanzarlo y aclarar la mente, para evitarle la parte oscura de la vida, invada nuestras almas de sucestir; examinando nuestra consciencia, despojaremos las malas influencias mentales de los conflictos que menoscaban nuestro existir.

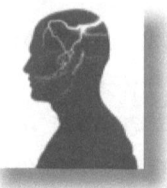

La Conciencia Propia

*T**odos los seres humanos somos poseedores** de un juez interior. Es aquel sentir que nos condena o nos absuelve según sea el caso. Entre sus variadas funciones esta la de abogado defensor o demandante.*

__Es el mejor de los magistrados__ y no hay que ir muy lejos para encontrarse con el en una corte de ley, pues, vive en todos los seres humanos; me refiero a la conciencia. Este término se define como el conocimiento que el espíritu humano tiene de su propia existencia, actos y experiencias vividas, recuerdo, memoria, datas en la acumulación del existir através del vehiculo mental en modus operandi de la mentalidad.

__A través de la conciencia__, el ser humano esta en capacidad de poder discriminar entre lo positivo y negativo ósea lo bueno y lo malo. Se ha hablado y se han escrito extensos volúmenes sobre el despertar de la conciencia; pero se puede comprender este despertar como la luz de divinidad y a la inconsciencia como la oscuridad. La mayoría de la humanidad vive y actúa en este último estado mental por los conflictos mentales a los que somos sometidos.

__En este punto donde el individuo comete las acciones equivocadas,__ por las cuales será culpado mas adelante, sea en el presente estado existencia o en lo espiritual. En ese estado, es donde precisamente nuestra conciencia se convierte en un juez severo para restregarnos en la cara los resultados de nuestras malas acciones o en los casos de actos buenos nos recompensa.

Más es aquí en que nuestra conciencia adapta una personalidad apacible, la cual puede a llegar a ser brutal en sus actos del estado de la inconciencia y en actos de impurezas mentales. Lo referido al comportamiento mente del nociones preliminares de la acción del pensar humano el cual la masa giratoria conserva datos de informaciones sean malos como buenos.

En muchas veces, la ignorancia de los verdaderos valores de la vida nos hace cometer graves errores contra nosotros mismos y en perjuicio de nuestros semejantes. Este equivocado modo de actuar se convierte en un feroz perseguidor, asechándonos para crear condiciones físicas y mentales, llenas de gran dolor y tristeza por lo vivido y por lo que se ha vivir.

Por lo cual, nos sentimos culpables: porque sabemos que nuestra conciencia no esta limpia y por eso nos atormenta hasta sacarnos de quicio. No es fácil vivir así. Mas en la aceptación esta el enmendar los errores, ya que formamos parte de los vínculos de un mundo infestado de errores de sombras atadas a nuestro existir en nuestra memoria.

Compadezco a quienes están pasando por esa etapa de la vida, que es la consecuencia natural de las acciones negativas del pasado y el remordimiento. La secuencia del recordar de la memoria con datos amargos de la vida horrores, que aunque uno los quiere borrar y no recordarlos, invaden nuestros sentidos de la parte oscura de la vida.

Reitero dentro de lo explicado: *la razón por la cual todos contamos con un pasado oculto que es la parte oscura de la vida. Todo esto les sucede a muchos individuos por caminar sin rumbo, desechando las buenas acciones y desaprovechando el tiempo disponible de nuestra existencia para mejorar física y espiritualmente en vía de asenso de divinidad celestial.*

Al dejarnos arrastrar *por la corriente del mal, se deteriora nuestra capacidad para sobreponernos a los retos de la vida se tambalea nuestra integridad moral y la solidez de nuestros principios comienza a esfumarse.*

Mas tus errores no solo te afectan a ti, *sino, también a quienes te rodean, por que te impiden ser útil a tu familia, amigos y a la sociedad en general que quieren tu bienestar y tu superación. Pero el consejo bajo, ese estado mental negativo, insita nuestro ser y menoscaban la acción de temperamento de desequilibrio mental.*

Esos errores consisten en adoptar una actitud egoísta, pasando por alto el dolor ajeno, solo obedeciendo la voz del ego que nos ordena satisfacer las propias necesidades. Por actitudes como esas, es que se destruye nuestra vida, pues, caemos en los vicios mundanos y contraemos malos hábitos perjudiciales a todo lo que nos rodea.

Por lo tanto queridos lectores, *cuando la conciencia nos reclama por nuestra conducta irresponsable, nos damos cuenta de todos los daños causados. Entonces, viene la dolorosa etapa del remordimiento y la opresión del corazón por el equivoco comportamiento y veámoslo como la parte oscura de la vida que cojee forma viva en nuestro conciente diario vivir.*

Todos sentimos y reconocemos el sonido de esa *"vocecita" interior llamada conciencia de martilleo.*

Por conveniencia, nos hacemos los sordos y pecamos a sabiendas cuando estamos interesados en satisfacer nuestros deseos. Lanzándonos a acciones desatinadas antes de haber analizado las consecuencias de una acción a una reacción negativa de parte de nuestra parte oscura.

Aun mas, *debemos saber que el ser humano se pierde cuando se olvida de su identidad divina, dejándose arrastrar por el materialismo y las malas costumbres con el objetivo de vivir de satisfacciones artificiales. Basadas en las apariencias, ignorando que con su accionar, solo consigue hundirse mas y mas en el pantano de la mediocridad espiritual y humana dentro del cuadro de temperamento psíquico emocional.*

Alguien así, es un parásito, *un desahuciado de la colectividad. Todos los infortunios de mucha gente fracasada consisten en ignorar que deben elevar su conciencia propia al conocerse a si mismos. Cuando logremos conocernos un poco mejor nuestra conciencia, dejara de atormentarnos si el rechazo de la oscuridad es rechazada junto al pensar equivocado.*

R*ecuerde lo que dije al principio de este capitulo de lo psíquico mental, "Dios nos suplió la conciencia para que fuera nuestro juez. Un juez que no solo nos condena, también puede declararnos inocentes. Todo depende de nuestra actitud ante la vida."*

A mi parecer, todo el mal que hagamos *aquí en la tierra, aquí lo pagamos. En cambio, si siembras bien, vas recibir bien. Se que mis consejos no retornaran a mi sin resultados positivos, porque dentro de subconsciente siento "alegría." Si ayudar esta a mi alcance, si el cargo de conciencia de otros, estos consejos puedan traer lucidez mental.*

Pues, mi mensaje contiene el propósito de crear ayudar servir en mis análisis que Dios, me transmiten para comunicárselo a aquellas almas que enfrentan la adversa circunstancia del vació espiritual, sumergidos en la parte oscura de la vida. Lo cual me propongo ayudarles a enmendar sus vidas, portando los consejos que pudiere traer claridad donde el vehiculo mental se estaciona en la parte oscura de la vida.

Pues, nunca es demasiado tarde para abandonar los malos hábitos. Como consejo de sabios, es ganancia para el futuro en una forma de reprender el mal que nos agobia en la faz de la tierra.

Apelare a la sabiduría divina para la correcta instrucción y mejoramiento de mis lectores. Alguien ha dicho que la alegría y la comprensión son los tesoros del creador." Por lo tanto, debemos esforzarnos en comprender y aprender, porque saber nunca esta demás si nos pudiéramos deshacer de la parte oscura de la vida.

La naturaleza intrínseca del hombre es perfecta, pero los obstáculos, como los vicios, odios, cólera, temores, codicia etc., le impiden expresarse plenamente. Debemos cambiar esos defectos por virtudes contrarias tales como templanza, amor, paz, valor, generosidad de claridad mental.

Mas Así, lograremos purificar la conciencia y podremos plantar en nuestra mente la felicidad propia y la de los demás. Es una gran satisfacción vivir con la conciencia limpia y nutrida de espiritualidad fuera de las tinieblas de ese mundo oscuro. Es donde la luz divina del razonamiento no llega y el faro luminoso se apaga, dejándonos en la oscuridad de la parte oscura de la vida dentro del círculo de la parte agria de nuestro existir.

Queridos lectores, solo estar bajo el amparo de la razón de divinidad. Estos nos coloca en un nivel superior seguros de nosotros mismos. El yo inferior del hombre puede ser controlado por las fuerzas del mal que conducen inevitablemente al fracaso de nuestras vidas. Porque dañan y destruyen todo a nuestro alrededor al adueñarse del ego humano causado por la parte oscura de la vida.

Mas si nosotros como seres criados a la imagen de Dios, damos paso a la manifestación de nuestro yo superior que es espiritual, este potenciara nuestra existencia. Ya ven la diferencia entre uno y otro. Tenemos el libre albedrío para escoger entre las fuerzas del camino izquierdo, que pululan en torno a la naturaleza inferior y nuestros aliados del sendero espiritual de la divinidad y superior representados por Dios.

Solo nos quieren alejar de ese mundo oscuro lo cual todos cargamos. No existe pasado sin carga en nuestro subconsciente. Del cual lo creado no tenga una huella del tiempo vivido o una nube oscura que opaque nuestro existir, o un rabo de cargas y culpas. Mas es normal porque forma parte de la vida misma casa mental.

Habría que ser masoquista espiritual para escoger los elementos negativos, pero, aunque sea difícil de creer y muchos eligen consiente o inconscientemente. El bando o punto, porque invitan con frecuencia a sus vidas al dolor y rara vez a la salud mental, desechando las buenas acciones y obras de luz divina por vivir en las tinieblas de mente perturbadas, estacionadas en la parte oscura de la vida.

Dios siempre esta dispuesto a escuchar nuestras plegarias. Abriendo sus brazos misericordiosos, perdonando nuestros errores cuando clamamos a el y sus huestes angelicales que *la vía ascendente de elevación mental con convencimiento. Atado a la fe puede hacer milagros de vida, portándonos el umbral Celestial como fuente de vida de **claridad.***

Hermanos de la fe, una fuerza oscura no es referirse al demonio como tal. Dentro del alma humana y la mente, el remordimiento de culpa o hechos inolvidables, son la causa de tanto males en la tierra. En acciones destructivas capases de romper los lazos con Dios cuando la nube oscura nos rodea en portarnos el pensar equivocado.

Por lo tanto, tus oraciones y tu arrepentimiento, son el antibiótico contra el mal que corroe todo tu ser. Por medio de esos poderosos instrumentos, atraerás a tu vida la paz interior que proporciona una conciencia limpia. Sacando el mal de tu cuerpo, crearas las condiciones para que aflore la conciencia de tu ser real. Convirtiéndote así en un instrumento del bien dentro de las luchas y pruebas y choques, la luz y la oscuridad, lo positivo y lo negativo.

Figurase, Dios hizo todo tan perfecto desde un átomo hasta cada componente del universo; no solo eso, creo al hombre como su obra maestra, dotándolo de órganos, cualidades y facultades admirables. Los impulsos, los instintos, los mecanismos de defensa que se encuentran en algún lugar de nuestra mente. Guardián estrecha relación con la conciencia que rige el conjunto de la vida de un mundo en donde ya no se sabe si es luz u oscuridad a lo vivido en los comportamientos mentales.

No hay nada innecesario o incompleta en la anatomía humana. Todos nuestros órganos son útiles, no objetos decorativos. Muchas partes del cuerpo como el corazón, los pulmones, los procesos fisiológicos etc., trabajan por automatismos mental espirita.

Aun más, ciertas cualidades o facultades deben su desarrollo a nuestra voluntad. La conciencia es una de ellas. Esta puede desarrollarse para que el proceso de evolución espiritual de la humanidad se acelere. Si tan solo tomara una dosis de Divinidad Celestial en nutrir la mente y la memoria con datos positivos creando defensas en contra del mal.

Quienes no tienen la suficiente dosis de paciencia para esperar a que las leyes espirituales comiencen a funcionar en su personalidad se descorazonan. Yo les garantizo, que Dios a su servicio siempre estarán a su disposición. Porque el buen Padre Celestial, nunca abandona a sus hijos, ni presta oídos sordos al clamor de los que le imploran.

Por lo tanto hermanos, el contestara los mas profundos deseos en el tiempo apropiado, pues, todo tiene su tiempo; por consiguiente, el hombre no puede ponerle plazos a Dios. Traigo esto a colación, por las observaciones que he realizado en las diferentes procesos de análisis de comportamientos mentales religiosos, donde algunos de sus miembros expresan su inconformidad cuando no se les conceden sus deseos actos de inconformidad de los conflictos internos mentales. Es donde la duda siempre esta de pie para la confusión mental.

Hermanos, el comienzo de los cambios *es el desvío, la señal de que algo anda mal en nuestro existir. Por lo tanto, al notar cambios de presión, estrés, conflictos mentales, es la señal que algo de la parte oscura de la vida invade nuestro existir. Por lo tanto, cambiar de pareceres sin encontrar soluciones es indicio que lo que llega es una tempestad dentro de la casa mental de conductas. No solo cambian, sino que nos convierten en verdugos de nosotros mismo, actitudes y mal carácter. Mas esto suele suceder por el recuerdo de la* *memoria la cual trae a la conciencia las cargas negativas de un pasado al presenten la parte oscura de la mente.*

Se conoce que, "El que no sabe de donde viene no se detiene ni parquea en la oscuridad mental, no sabe para donde va. Más solo la fe podrá salvarnos. Esta fe debe derivarse del conocimiento y la conciencia de Dios y su voluntad. El hombre sin fe, en cambio busca su propia satisfacción para los instintos carnales.

Esto ultimo queda demostrado en la vida diaria. ¿Quien no codea a cada momento los actos de sucesos mentales de la fuerza universal, mental de mentes, sumergidas en las profundidades de la parte oscura de la vida, actuar equivoco de los comportamientos mentales: a esos que levantan su voz para denunciar la paja en el ojo ajeno sin ver la propia viga que los ciega? Esos son lo que predican la moral en ropas interiores. Jesús dijo: "De ellos que son como sepulcros blanqueados, pero en su interior están podridos De tinieblas."

El Maestro Jesús nos dejo una valiosa lección al decir, "que si tuviéramos fe como un grano de mostaza, no solo caminaríamos. Entonces, por que no recurrirá por la cura de la mente en conflictos mentales queridos lectores, caminar sobre las aguas de lo celestial sino que también transporta y riamos montañas. Dentro de estos párrafos, les daré una razón porque un poder mental positivo es la fuerza mas potente la cual es capas de hasta vencer la muerte, ya que esa dosis de divinidad es la vida.

La indecisión nos sitúa en el camino de la duda. Anula lo positivo, produciendo el caos espiritual y físico en nuestra existencia. La confusión resultante hace que no sepamos lo que queremos, ni hacia donde nos dirigimos y mayormente, cuando la parte oscura de la vida toma posición de nuestro ser doblegando la mente quedamos al la intemperie de la merced de la parte oscura de la vida.

Por lo tanto, vamos como barco sin timón, navegando a la deriva con incierto destino. Así es la indecisión. El mundo esta lleno de personas que están pasando por esta etapa. Siempre confusos y vacilantes. No saben si deben vestirse de blanco o de rojo o si se peinan o se hacen rolos.

Lo peor del caso, es que piensan que todo lo saben y no saben nada. En el desierto se pueden ver espejismo de claridad mientras estamos en el túnel oscuro de la vida que nos separa. Haciendo de nosotros marionetas al antojo de los caprichos dentro del túnel de la oscuridad mundana y mental.

Estos arquetipos de los conflictos internos, rebosan a la inteligencia de los "sabelotodo." Pues aun con su sapiencia, no encuentran la formula para estar satisfechos y en paz consigo mismos. Su inconformidad es como un velo que impide ver materializados. Sus deseos de inconformidad, causada por la parte oscura, del la cual todos cargamos, sea a grado mayor, cantidad de la oscuridad a la que yo me refiero en este tema de lo psiquico mental.

No sin valorar el esfuerzo que los demás hacen para ayudarlos por mejor que les hayan tratado. Si hacen esto, ¿con quienes se acercan a ellos en el plano material? Tampoco sabrán apreciar el bien que puedan recibir por intermedio de las diversas de lo celestial o funciones sociales a las que estamos expuesto por la parte oscura de la vida en el yo conciente cotidiano.

Han sido en mi análisis mental, tanto oír los sucesos horrorizan de acciones cometidas por la posesión de la parte oscura de la vida, hechos descubiertos de personas lucidez, que en mi análisis de los comportamientos mentales, yo no pondría comprender cuando una persona se estaciona en la parte oscura de la vida para cometer sus actos.

Los sentimientos, por lo cual la confianza defraudad la confianza de los que por sus virtudes de religiosos; han abusado hasta el punto de negar y defraudar hasta Dios dentro de sus principio de devoción y los hábitos de castidad. Rotos en convención al haber sido arropados por la parte oscura de la vida, irrazónales al instante de cometer sus actos en lo cual la castidad queda anulada por esa sombra que opaca nuestro existir cotidiano.

Lo mas importante en mi análisis no es juzgar, ya que como les vengo explicando, es difícil concebir que personas de esa índole se les pueda llamar locos cuando quedan sumergidos en la parte oscura de la vida; la cual lo psicótico pierde la realidad el instante de la acción, pero nos preguntamos ¿Como es posible? Parecen que viven la vida descarrilados en su función de conducta y de inmoralidad. Es por tal razón, que todavía el comportamiento humano no es tan confiable por las debilidades de los deseos mundanos y la debilidad mental dentro de la conducta del vehiculo mental al entrar a la parte oscura de la vida.

Alguien así dentro de estos estados mentales, duda hasta de su propia sombra porque su escenario interior vive constantemente sacudido por una calamitosa guerra física, emocional y espiritual de conflictos internos. Las dudas y las indecisiones al apoderarse de la mente que producen un cortocircuito de confusiones, creando en el individuo la ilusión de un mundo irreal y una verdadera indigestión de los sentimientos en el vehiculo mental.

Aun mas, reitero que la persona que pasa por esta triste experiencia de conflictos internos, vive engañándose a si misma si se estaciona en la parte oscura de la vida. Hay que tener firmeza al elegir un sendero determinado. Porque las debilidades sean emocional y sentimental por deseo, conllevan a la secuencias de actos impropios de índoles, desequilibrio mental, psicópata y de vicios, los cuales están arropados por la parte oscura de la vida de su preferencia descabellada.

Todo en esta vida tiene sus reglas de comportamientos mentales en el vehiculo mental, cuando regresan a estacionarse en la parte oscura de la vida. Por lo tanto queridos lectores, hasta la mente y la memoria si se puede programar en sus costumbres, sacando los malos hábitos de la consecuencia de los errores. La mentalidad moderna es como la de las computadoras cuando cojeen un viro, se desprograman y así es la misma mente humana.

A mi parecer, ha contagiado con un viro y se tiene que programar la humanidad dentro de la memoria. Tal vez, mis dichos no tengan sentido, pero como se esta viviendo de la verdad desnuda, la descares sigue infestada por el viro de la oscuridad que opaca la lucidez mental en el modus operandi en como se manifiesta la humanidad.

Hermanos, hay que poner cada cosa en su lugar y no podemos confundir lo material con lo espiritual. A través de lo que se programa la mente, es que la memoria trabaja sea para bien como para mal. A mi parecer, este viro de la oscuridad sigue corrompiendo la mentalidad humana.

¿Que ustedes creen? Será por el viro de la oscuridad o tal vez la memoria humana se tenga que reprogramar de

fe en Dios. Recuerden lo que el Maestro Jesús dijo, "Dar al Cesar lo que del Cesar y a Dios lo que de Dios."

Mas si damos a la divinidad el lugar que realmente merece en nuestro ser, no tendremos motivos para andar programándola memoria si nuestra conciencia estuviera limpia sin viro; en lo cual el comando el piloto mayor nos llevara al puerto seguro de lucidez de la casa mental.

La conciencia es el remordimiento de culpas de nuestros propios actos sin tener cargar cargos de conciencia, si en verdad no la tenemos. Solo por el hecho de resolver nuestros problemas personales cuando nos encontramos sumergidos en la parte oscura de la vida, retornando el pasado al presente dentro de la casa mental.

El deseo mundano puede ser la perdición y la lengua vive entre diente y diente; y la verdad desnuda no es la realidad si no tenemos control de nuestros actos. Por eso, tenemos que cuidar la mente. Si algo no nos conviene, pues sigamos nuestro camión sin convertirnos en mártires de las consecuencias de nuestro destino o de los malos recuerdos de la parte oscura de la vida.

Tenemos que hacer de nosotros mismos un instrumento de fe, cultivar la mente y programar lo positivo. Quiero que sepan que Cristo fue y es el hijo de Dios y Juan su primo lo bautizo. De esa manera, el Maestro nos dio el mejor ejemplo de humildad y de la necesidad que tenemos de ayudarnos unos a otros. Cristo no se creyó el "sabelotodo" ni miro a Juan por encima del hombro.

Así, debemos actuar nosotros, porque de lo contrario, el agua estancada dentro del manantial de la parte oscura de la vida, nos ahogara dentro de nuestra casa mental. Que tú descubres si de repente sientes que la vida te apesta, que estas como deslucido y atado a las cadenas del corral mental del pasado sin escapatoria. Lucharías por sobrevivir. Pues quiero que sepas que la súper mente humana puede hasta vencer la muerte.

*E*ntonces, por que vivir de la duda si los problemas imperativos de conductas y conducta mentales que nos sitúan en la parte oscura de la vida. Así, que despojémonos de toda ingratitud mental y reconozcamos los sacrificios hechos por nuestro bien dentro de las diversos temas de paz mental.

*I*nfundiéndonos a nosotros mismo reglas de un buen vivir para que nuestra conciencia viva en paz. Pues despojémonos del mal habito del pensamiento impuro para crear lucidez y que el faro luminoso de Divinidad Celestial, por medio de Dios, inunde nuestro existir de sabiduría mental y descanso de paz en el alma.

*E*l crítico negativo es un acto enfermo de la mente sin lucidez. Estados interactivos de conductas desordenes mentales. Pero no todas las reacciones son inpraictivos de índole psicótico donde se pierde la realidad. Es como el estado de reacción, acción predominante de conducta en reaccionar de acuerdo al desajuste; cuando entramos en el vehiculo mental al campo de la parte oscura de nuestro existir, a reaccionar no adecuadamente en estado de conducta irrazonar.

*S*e dice que una buena lengua salva un pueblo y que una mala lo destruye. Mas es igual hasta la fuerza de un poder diabólico lo cual crea destrucción a su paso por merecer de luz divina. Lo cual arrestar lo negativo de la parte oscura de la vida como suele suceder en ese mundo de tinieblas en la casa mental.

Téngase presente, sin embargo, que si lanzas rosas, aromas y buenas intenciones serás bendecido; pero si en cambio lanzas tus flechas, tus dagas y tu mal genio y de estacionas en la parte oscura de la vida. Estos podrían virarse contra ti, ya que no se debe amar con odio. Este comportamiento de la mente sin lucidez, el alma del epicentro, mentalista en erupción como el mismo sismo que a su paso solo deja destrucción pero esta es mental.

Nadie obliga a alguien a pertenecer dentro de un estado de santidad. Los Santos están en el cielo y la mentalidad del necio es creerse sabio a sus principios. Algo que pronostica fracasos y concuencias, aunque a sabiendas sabe de lo perjudicial, u otra o aforrarse a un comportamiento equivocado.

Por lo tanto, dentro del concepto positivo, se viene por voluntad propia, buscando alivio a los males, consuelo, salud, prosperidad y el principio divino de la vida espiritual y el ensanchamiento de la conciencia a través de la fe. Si así lo hicieres, no desbarates con los pies lo que hagas con la cabeza. En vivir en la parte oscura de la vida, no es aconsejable cuando el vehiculo mental se estaciona en la oscuridad de la parte oscura de la vida.

Consejo de sabio – Ganancias para el futuro.

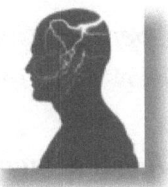

Glosario Contenido Sustancia
La Memoria - La Mente

Recorriendo el tiempo la distancia se acorta para encontrarnos con el mismo pasado de frente en donde la memoria tiene gravado la vida vivida. El almacenaje, datos de información y el despertar, que al abrir los ojos, volvemos a las tinieblas de la oscuridad, el túnel de la vida y la muerte. Confronte, la cual la sombra oscura de la vida pobla las calles de nuestra conciencia en la casa mental.

La mente humana refleja el propio existir del cual querernos liberarnos. Muchos casos se nos hacen imposibles, aunque no nos quisiéramos recordar de los momentos de horror y pena por los cuales hemos pasado, al cual vive atado como los eslabones de la cadena de la vida dentro del ciclo humano. El solo hecho de pertenecer a la especie humana, menoscaba en vivir atados al pasado de papel de la memoria humana en el vehiculo mental cuando la mente se estaciona en la parte oscura de la vida misma.

Este objeto de magnitud refleja la existencia de la mente humana dichos, casos lo imperativo de razonar en las conductas mentales que nos circunda nos rodea. La programadora que es la mente, ajusta la memoria como el almacén de datos vividos. Por eso el vivir cuesta vivir para poder contar lo vivido, pero no esta en retroceder el tiempo vivido para estacionarnos en el recuerdo de lo amargo de nuestro existir.

Mas al yo tratar de llegar al meollo, *sea al fondo, busco la explicación del porque la mente, la memoria y la conciencia es nuestro juez y juzgado. Todos cargamos a nuestra espalda un pasado oscuro, aunque no lo quisiéramos recordar vive en nuestro subconsciente. Porque ¿quién no ha probado el trago amargo de la vida y los sinsabores de esa sombra de algún fracaso suceso o desilusión, sentimental en la vida o un hecho de no recordar por la fobia causada por ese episodio de la vida vivida?*

Es algo que nos rodea *y nos acorrala reteniendo nuestros datos. En comparanza con una computadora, pero la diferencia reabastece los limites de la inteligencia. El panel mental esta suplida de mente memoria, celebro, conciencia, subconciencia y noción tiempo en si rige la vida. La mente espirita para mi es la vida, que cuando se detiene la noción del tiempo, ya no existe vida.*

Además, reitero y explico *que la vía ascendente de elevación en grado de superaciones como un faro luminoso, que siempre vive prendido hasta el final de nuestra existencia y posiblemente quien sabe hasta en estado de muerte. La mente es un misterio espirita que vive en nuestro cuerpo. Del cual si lo vemos de diferentes puntos de vistas, que es la supervivencia humana y el destino que rige la vida en el vehiculo mental.*

Principio y fin, *que a través del soplo de vida, comienza esa evolución en las contiendas donde comienza la vida y algo de un extraño proceder. Una fortaleza mental puede hasta doblegar la voluntad y la comunicación de repente que* *es la que marca el tiempo para todo en la vida y en si rige es el comando del cuerpo en su totalidad.*

***Datos tal vez muy curioso,** pero no se necesita ser catedrático, intelectual, sabio, químico ni científico, para saber que dentro de los estudios concienzudos, solo se necesita ser humano y tener una mente para sacar conclusiones del comportamiento humano.*

***La comparanza esta en los conflictos internos,** la lucidez o la mente cansada, sea enferma, opacada por la inclemencia del tiempo vivido. Lo cual, estos efectos de tragos amargos, dolores, disgusto, fobias de temor por lo sucedido, esos malo recuerdos que atormentan la existencia humana que se inmiscuyen para hacer de la vida miserable. Esto es parte de este tema de la sombra, la parte oscura de la vida de la que yo les relato en este libro.*

***Por lo tanto, explorarla parte formal de la mente datos,** todavía en su comportamiento, la duda vive presente. ¿Porque quien en si puede descifrar el comportamiento mental en su totalidad y seguir los movimientos de la mente y penetrar a la memoria para reponerla como si fuera una computadora? La mente humana, la memoria, la conciencia, el celebro y la subconciencia, es la vida espirita de la noción del tiempo y el alcance mayor de la supervivencia humana. La mente es un campo magnético de corrientes como el espíritu mismo, más quien no posee una loca en su casa. Ya que en mi análisis yo describo a la mente como la loca de la casa. ¡No se rían!*

***La teoría puede estudiar el comportamiento en mental** en la medicina de la psiquiatría. Tal vez, la lucidez o los desequilibrios mentales de traumas, bloqueos, en si todo tipo de comportamiento al alcance, paro dentro de lo que me refiero y reitero es del faro luminoso de Divinidad Celestial.*

Eso hace ver la razón o de la causa de tantos males por el comportamiento de cómo la mente puede retornar los datos e información y traer un pasado amargo a un presente y lo que de momento era lucidez se torna en la oscuridad del pasado.

Más reitero y explico, que los vínculos mentales a través de ondas reflejantes de corrientes dentro de su campo magnético, imágenes y hasta visiones, no es que la persona este loca como lo puedan determinarla ciencia. Tal vez por estar imperativo en su conducta, se pueda vivir en mundo de tempestades creadas, desajuste de conciencias, traumas bloqueos, esquizofrenia y mas; no estar loco en los diagnósticos ateos y teorías científicas. Pero detrás de la realidad, este Dios y la lucidez de Divinidad Celestial, la mente vuelvo y reitero que es "espirita" y no capas de solo ver también, elevarse al cosmos espiritual; y no es que uno este loco por creer en el Dios de la salvación para encontrar la paz y lucidez mental en el vehículo mental.

El Pensador

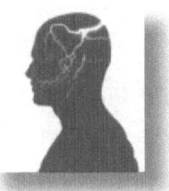

La Desilusión Mental

*L*as *desilusiones forman parte de la vida* para de ellas *aprender, que todavía dentro de la lucidez mental, siempre existe una nube oscura y oculta dentro de nuestro ser. No se asombren, que esto es de humano hasta el herrar mismo. Dentro de la verdad desnuda, siempre la duda emperra como suele suceder en tantos casos de exploratoria donde no es lo cierto de lo que sucede dentro del comportamiento humano.*

Más reitero, que tomar las riendas de la vida, la mente y la conciencia no es fácil. Tan solo una mala experiencia vivida puede hacernos la vida miserable. Existen heridas del alma que no sanan ni con el tiempo mismo, tal vez algo inexplicable, pero cierto. Esa misma fase vivida se estaciona dentro de nuestro sentido y estancando la salida de escapatoria por donde quisiéramos salir corriendo para no ver lo oscuro de nuestras vidas.

Esta es la puerta del túnel de la vida hermanos. Es donde todo alrededor es la oscuridad por donde la puerta de escape esta sellada y la llave de la cerradura no abre. Son momentos en donde el pánico mental pide auxilio y todo alrededor de uno es lo oscuro del pasado. La parte oscura de la vida, el cual al entrar por la puerta del túnel, la noción del tiempo se pierde nuestro existir.

Hermanos, en la contemplación de visualizar este tema mental, la trasmisión de mi pensamiento anda en busca de respuestas de las cuales les pueda dar explicaciones. Porque yo también ando en el mismo barco de la nube negra que opaca nuestro existir. Más anclado en el puerto en espera del reclamo de conciencia, más al contemplarme a mí, veo la necesidad de otros y que mis consejos y soluciones les traigan alivio mental a tantos conflictos del diario vivir a lo que es sometida nuestra mente espirita.

Si unidos por la fuerza de poder mental, pudiéramos despejar la oscuridad del tiempo vivido de los malos recuerdos, los cuales afectan la lucidez de la humanidad y la alegría colmaría la existencia humana de lucidez y felicidad Celestial dentro de las batallas misma y que el arbitrio mismo de nosotros que es la fuerza universal de la mente, un control que puede doblegar hasta la voluntad propia si se piérdele la batalla dentro de los conflictos mentales.

Hermanos, cuando yo me refiero a la desilusión mental, es obvio que son los momentos agrios de la vida donde las desilusiones nos acorralan entre la pared del túnel oscuro de la vida en esos momentos de nostalgia, tristeza, dolor, y desesperación. Algo incontrolable cuando el pasado oscuro llega a la mente sin esperarlo, momentos donde el llanto del alma inunda nuestro existiré, los malos recuerdos, que regresan sin espéralos de la las etapas dormidas de la parte oscura vivida en la casa mental.

Esa es la desilusión mental que mata nuestros sentidos y cuesta la lucha desesperada por controlar esas nociones de ofuscamiento que menoscaban el existir humano. Ya que yo por mis propias experiencias, recomiendo armonía mental, vestirse de la calma celestial, prender el faro luminoso de divinidad y hacer contemplación al padre celestial. Un pensamiento puro de fuerza mental, es la medicina más calmante para cuando la nube oscura invade el alma si a ella se recurriere.

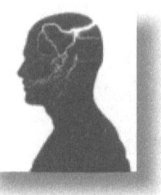

Poder Mental

*T**al vez al yo decir humanidad,** se pueda mal interpretar, si existen personas capaces de vencer hasta el mínimo pensar del mal recuerdo. Es tanto así, que es de admiración, mentes de actitud positiva con un estado de conciencia propia hasta en su pensar. Fieles a la realidad de fe en Dios dentro de sus obras, lo cual refleja esa fuerza de voluntad en reprender el mal hasta de sus pensamientos de impureza. Aunque la vestimenta de santidad y la lucidez mental sea un faro luminoso, se puede convertir en tinieblas y pecados para satisfacer el deseo mundano.*

***Pero veámoslo desde otro punto de vista** de una mente positiva a una mente negativa sin fuerza de voluntad y llena de complejos por las heridas del tiempo. Incapaz de enmendar y razonar en una forma positiva, inseguros de si mismos, incapaces ni siquiera de luchar por la cobardía de los conflictos internos de una nube oscura del pasado lo cual todos tenemos. Esta es la diferencia de que todos somos humanos, pero todos no tenemos la fortaleza mental y capaces de de reprender el mal cuando la parte oscura de la vida invade el existir.*

***Hermanos estas consideraciones** de diferencias no esta en menospreciar al débil y alabar al fuerte. La mente humana* *cuando meno lo esperamos nos traiciona, pero lo más raro del caso, es que de un desquiciado mental de una persona enferma mental, cualquier cosa se puede esperar. Ya que el razonamiento no esta en sus cabalé y la noción del tiempo anda perdida en un verdadero enfermo mental, lo cual son digno de pena por la conducta desordenada de su proceder dentro de la categorismos de enfermedad hiperactivas de reacción y perdida de la noción del tiempo.*

Entonces, que ustedes me dicen de los sucesos de la vida". Donde los crímenes más comunes, las violaciones de los depravados pederastas previenen de personas cuerdas con apariencia de santidad, incapaz al parecer de matar una mosca ni con su pensamiento mas de su interior son tinieblas en pretender ser luz conflictos internos que viven acumulado dentro de la memoria como datos de almacenajes malignos escondidos dentro de mentes con toda lucidez, ya que de la claridad puede venir la oscuridad como el día donde de día el sol no sale.

Seria cuando ustedes mismo se han preguntado *como es posible", si el era un santo un ángel de Dios". Bueno, noble, justo, caritativo, educado de principio hasta religioso de familia de sociedad culto de credo y de momento explota la bomba y regido por la oscuridad de tinieblas guardadas sale a reducir que la oveja mansa era un lobo y es por eso que el mundo se queda pasmado ante lo que en si puede un poder mental de sano con lucidez convertirse en la misma bestia del demonio.*

Por lo tanto no es de extrañar que la conducta humana pueda ser variable ya que la vía ascendente de lo creado puede vivir de instintos lo mismo pacíficos como diabólicos, en un estado de magnitud mental inferior o superior o inferior sin rienda sin control traumatizada por le tiempo lo cual aflige al alma, obviamente, ya que dentro del panorama de la vida del existir mental la fuerza universal mental puede ser variable en su comportamiento.

***Ya que la parte formable la inteligencia humana** por lo visto no llega a completarse en su totalidad ni dominio. Simplemente por los instintos carnales deseo impuros mentes extraviadas que pretenden ser luz del día y tinieblas de la noche y así es el comportamiento humano variables y llenos de conflictos internos, de los cuales es muy difícil de controlar, ya que la mente se la loca de la casa que uno nunca sabe que travesura se trae cuando menos lo esperamos.*

***Aun mas este procedimiento de desarrollo mental** aunque nunca se detiene los fallos de la mentalidad aumenta a través del tiempo si la mente de la persona es débil de una magnitud negativa, o el exceso de carga de una mente enferma. Lo cual produce este estado de deterioro mental de equilibrio deformación, descontento inconformidad, disgusto, desamores, de la vida lo cual ase de ella miserable en todo el aspecto negativo y doblega la voluntad, hasta del más fuerte. Así es el poder mental mas otro lado puede vencer hasta la muerte y es la medicina más potente existente.*

***Que aunque al parecer todo el mundo humano** tiene lucidez esa parte oscura de la vida la que supuestamente debe ser formal esta parpada cubierta por la parte oscura de la vida. Ya que cuando el estado mental vive dentro te la oscuridad la vida misma apesta, hasta el grado de de se puede perder la noción del tiempo y ser uno un muerto en vida, mas de estos desajuste es que la mente humana sea la parte oscura de la vida se tiene que detener a tiempo para* *no caer en las redes del mal actitud que solo lo positivo y la fuerza de voluntad puede lograr.*

Mas reitero que de este extraño proceder de conducta", esa explicación pueda estar incierta, ya que la mente debe ser educada nutrirla de buenos sentimiento, llenarla de amor de compasión de hermandad como principio de ser cristiano en servicio de Dios". Lo cual al parecer este sentimiento humano lo humano lo sacado de la lista de obras bienhechoras y hasta en igual a los diez mandamientos lo cual ya hasta la roca de la moral se ha perdido en viviendo en un estado mental cubierta por el manto de la oscuridad.

Pero visto con estos ojos que la tierra se a, de comer". *De la profecía", se habla de lo celestial pero la practica es de lo terrenal de la enseñanza de los deberes de cultivar la mente con buenos modales. Mas reitero dentro de mi pensar que muchas veces la mente no es la culpable de nuestros actos, si no le que le enseñamos con ideas malignas que solo menoscaban el alma de conflictos internos además de los malos hábitos creados dentro del propio existir.*

Ya que en muchas ocasiones *uno tiene un pasado oscuro atado a cuesta a sus espaldas, hechos de horrores vividos, arrastres de tinieblas de lo vivido, lo cual cambia el panorama de culpabilidad a ser inocentes de cargos, porque tal ves la vida nos castigado de dolores, genocidios, tormentos los cuales siendo inocentes nosotros, nos hacen culpables, porque tenemos que cargar con ese rabo de escuridad por el resto de la vida.*

Hermanos obviamente la mente aprende lo que se le enseña: *mas un ejemplo vivo es como la educación religiosa que se supone sea de divinidad celestial de amor al prójimo el hombre crea conflictos en las mentes del hombre, al crear* *separaciones de credos", desigualdad de amar con odio por el otro lado el modo de la sobrevivencia las necesidades los vicios los traumas de lo vivido las mismas desilusiones algo que menoscaba el existir humano en la casa mental.*

Lo cual esta acciones pretender amar con odio dentro de la verdad desnuda de la descare". De decirnos hermanos y esto yo lo comparo con la doctrina del extremista religioso, el crea desigualdad de credos en ves de amor profesado en amor para separar al pueblo de Dios y por eso el mundo vive tres mil años de guerra sin experimental paz. Por que si se siembra viento se cosecha tempestad y solo un buen pensamiento seria capas como la fuerza mayor de destruiría estas malas costumbres de hábitos de desigualdad que solo dentro de la duda crea mas dudas y crea odio interno de conflictos mentales

¿Entonces como la mente absorbe lo que se le enseña? y si se le enseña a odiar pues simplemente odia, mas si aprende vicio eso mismo hace, si se le crea deseo carnal diabólico pues eso mismo hace y de lo que se aprende en la enseñanza es lo que el cuerpo hace porque en si uno quiere lo que uno mismo se infunde dentro del desende ser de lo cotidiano. Para estacionarse en la parte oscura de la vida en el vehiculo mental

Por eso la educación mental juega en lo creado el faro de divinidad celestial, lucidez, contemplación de buenos modales, vivir de acuerdo a la supervivencia de progresar física y espiritualmente". Progresar en vivir en paz armonía universal sin penas ni recompensas de esperar la salvación si uno no se la merece, ya que la armonía eterna es vivir en cuerpo y alma en paz despojando la mente de ataduras del pasado oscuro.

Hermanos a esto es lo que yo le llamo poder mental positivo te divinidad súper poder". Aquel que no se rinde ante las adversidades y reniega al consejo equivoco y vacío del que viene de ganancias y vienes terrenales el pensar que contempla el espacio y de su rey hace dueño de su pensar el que del faro luminoso se alúmbrale pensar que hace vínculos con Dios para la supervivencia sin desentender que los malos pensamientos siempre tren malas consecuencias cuando el vehiculo mental se estaciona en la zona de oscuridad.

"Lo cual reitero", que la diferencia de vivir esta en la transmisión de pensamiento. Ya que vivir confundido, menoscaban el existir y imposibilita la vida misma del progreso, tanto mental como la elevación espiritual. Ya que la calidad de vida esta en la forma del comportamiento del vivir humano para la supervivencia. Hermanos acuérdese que enfatizar positivo extrae positivo a la vida recure a el ya que mente sana cuerpo sano mentalmente.

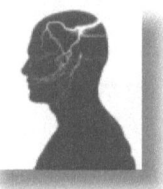

El Desarrollo Mental

Hermanos el progreso de desarrollo de la mente: a la memoria, de datos y información representa el bienestar del futuro de una mente positiva". No enfermiza por el exceso de carga acumulada, que oprimen su función en conflictos Internos. Lo cual hace de la mente no fluir claramente para tomar decisiones correctas". Al contrario cuando el faro luminoso esta prendido de divinidad celestial todo refleja a nuestro alrededor en la casa mental.

Por otro punto de vista, la observación del comportamiento psíquico mental en su estado normal de función tiene lucidez, reflejos señas de inteligencia con una memoria sin virus, ni impedimentos; los cuales son la causa de tantos desajuste de los bloqueos mentales; en la población tierra". Mas de la inocencia se convierte en culpable dentro de un abriré de ojos y hasta la noción del tiempo se pude perder dentro de los conflictos mentales. En los estados imperativos que hacen perder la realidad del deber de comportamiento:

La cual yo en mis charlas la llamo la tierra de los locos incluyéndome a mi. Ya que todos tenemos una loca en la casa del cuerpo que es la mente sin hacer mención de la memoria que es la que guarda los datos de la mente, otra loca mas. Porque uno da el pensamiento la otra la memoria lo guarda y el cuerpo carnal regido por el deseo los ejecuta. Entonce cual es el culpable de las tres; preguntas que muchas veces uno mismo no encuentra precuentas cuando se encuentra uno acarralado en una batalla mental de la parte oscura de la vida

La exploración de este mundo de la casa mental; *que tiene control de la vida y de la muerte en muchos casos no deja de ser un mundo fascinante, lleno de misterios. Lo cual descífrale en total el comportamiento humano ese alcance científico todavía no ha podido entrar a explórale tantas fases de lo que en si encierra la mente humana dentro de su comportamiento fisiológico. Ya que para mi la mente es la loca de la casa por que el vehiculo mental, el cual en muchas ocasiones se estaciona en la parte oscura de la vida por los conflicto, e batalla que se liberan por la sobrevivencia humana.*

Mas reitero obviamente *que el fenómeno mental en sus múltiples funciones conserva la llave de la vida misma y la mente es en si un espirita que controla la vida misma y es el túnel de la muerte lo cual es la parte oscura de la vida de los seres humanos; que todavía en si no saben hasta donde la fuerza mental es capas de llegar transportarse hasta el espacio y mas ligera que el sonido del tiempo; mas puede tanto elevarse en ascendencia como en decadencia extraño comportamientos pero así es el poder mental; ese vehiculo mental que no se detiene de caminar en su función como órgano del panel magnético creado corrientes como guia de la vida misma por su súper poder de la mente espirita.*

Obviamente el estado de desarrollo traspasa *los limites", ya que dentro de su estado de función con lucidez, es capas hasta de vencer la muerte", crear alivio ser medicina. Ya* que para mi la mente es el milagro espirita ese soplo de vida, para la supervivencia. Ya que la supermente humana tiene poder sobrenatural y como le dije hasta de vencer la muerte.

Confirma el principio de la creación", que de un cuerpo estructural sin vida un soplo vivo dio el aliento y la vida a través de la mente espirita, ya que la envoltura sea" el cuerpo humano del polvo nació al cual retorna pero quien conoce su propia mente; ya que lo mismo te azolve, que te condena. Pero algo si tiene bueno, que es capas antes de los hechos de advertirte de las consecuencias; mas el deseo peca a sabiendas; porque de la acción se espera la secuencia de los hechos.

Pero por mis experiencia vividas dentro del campo espiritual hasta los mensajes de evidencias son a través de la mente, algo que si lo vamos a comparar la trasmisión de vida a vida viene de la misma mente, sea lo psíquico mental en donde esta la vida para experimental la vida misma. Mas muchas veces vosotros somos culpables de nuestros actos y culpables por la acción de comportamiento, mas queremos culpar la mente en todo, o hasta el mismo demonio escusa sin valides, malos hábitos creados para el comportamiento humano mental salir con la zulla. Seamos realistas:

Tal ves sea solo mi mente la loca al determinar la función mental, ya que dentro de las dudas puede existir una verdad de que la mente es espirita", vida ya que si es capas de regir nuestro destino. ¿Entonces por que no es que sea cierto lo que yo digo mas veámoslos desde otro punto de vista? ¿Que seria un cuerpo sin cabeza o sin mente y memoria u otro ejemplo una computadora sin memoria?

Entonces a lo mejor mi mente al pensar así; ha cogido un virus y la memoria de mi mente este infectada por ese virus; pero que seria si lo que yo me imagino y digo sea cierto. ¿Entonces yo no soy tan loco? al escribir este libro del comportamiento humano. ¿Que ustedes creen estaré loco o es que me hago el loco? No se rían y seamos realistas, que todavía fartar mas de hablar de la loca de la casa mental que todo poseemos

Es por esta simple razón que detrás de la duda puede estar la verdad y contestar tantas preguntas que nos hacemos durante el diario vivir. Ideas ciertas o falsas preguntas sin respuestas y tratamos de prender el faro luminoso de la lucidez. Hacemos reclamos mentales, nos acostamos con las dudas y amanecemos con las dudas, entramos en trances de meditación nos amparamos de fe mas volvemos a las dudas y volvemos a la patre oscura de la vida y mas colmo nos estacionamos en las calles de la oscuridad de la vida misma.

Las ideas falsas crean confusiones menoscaban nuestro espíritu, desanima el existir, nos crea dificultades, agobian al estado psíquico mental; en fin la vida es una contienda de dudas, de conflictos internos, unos a mayor grado y otro a menor, pero la de ascendencia tiene escalones por los cuales tenemos que subir para alcanzar el desarrollo mental hasta escalar lo positivo.

El Pensador

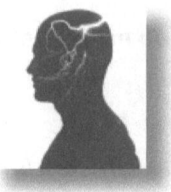

Misterios Mentales

*P*or eso en este libro expreso los misterios de este mundo y no me refiero a lo físico material; sino al mundo espirita; de la mente humana, la cual el alcance la magnitud de poder, el alcance de trance se eleva a través de la mente y hasta puede llegar al cosmos espiritual a través de sueños conciente y semiinconsciente; de vía de trasporte e portes; función que hace de nuestras vidas dentro del estado mental vida. Ya que es la mente la noción del tiempo mas perfecta o tal ves la mas imperfecta, depende del grado de elevación de la súper mente cuando esta positiva.

Mas reitero que un poder mental positivo es capas de traspasar montañas; porque el mismo maestro al decirle a pedro ven caminas obre las aguas como el lo hacia, si la mentalidad de el estuviere al grado de magnitud de la fe misma lo hubiese logrado, mas que razón para yo basarme en esta teoría de lo que la mente puede hacer si dentro de mi mismo pensar no estuviera positivo. Hamas llegaría a escribir sobre este tema tan controversial del comportamiento humano de el vehiculo mental.

El convencimiento propio de la actitud mental; *en los logros de la sobrevivencia humana absorbe lo positivo, o la actitud negativa. Mas al yo volverme a referir a la magnitud* de poder mental la supermente, la supermemoria eleva el alto sentido de la palabra supermente", poder que solo este órgano del cuerpo humano es capas de hacer en su estado de desarrollo mental. la mente espirita ese panel magnético la casa de la masa giratoria de corrientes timón de la vida

Por lo tanto' que seria un cuerpo estructural sin mente sin memoria sin comando un robot, una computadora maquina del tiempo la cual aunque posee memoria no tiene mente propia. Ya que los datos se los crea el hombre por eso esta supermente es la vida el componente del vivir lo que se vive o lo que se ha de vivir.

Por lo tanto estas consideraciones y conocimiento de causa es la función en como se desenvuelve la mente humana en sus deberes de la vida bajo un comportamiento lo cual hace la supervivencia algo que todavía este tema mental tiene mucho de explorar dentro de la vida misma, lo cual descifrar el comportamiento humano de la mente en si un mundo de misterios en estado de exploración con una magnitud, de la casa mental súper mente.

Existe siempre una duda respecto; hasta la misma existencia; la cual hace que dentro de la masa giratoria entre la vida y la muerte. Este lapso repentino nos sitúe en este estado mental. Ya que al afrontar las riendas de la vida la responsabilidad de ser lo que somos todavía esta en el misterio de la existencia del ciclo humano. Algo muy difícil de descifrar, ya que la ciencia estudia lo creado por su función de lo que somos dentro de los componentes pero sigue siendo campo para explórale el comportamiento humano.

Pero dejo claro que ni siquiera estudiado, medicina ni sicología; pero un faro de luz celestial me sirve de guía y me dicta que dentro de los misterios nosotros somos los misterios mismos". La realidad", dos cuerpos físico y espiritual, un juez dentro de lo que somos libre albedrío la creación mas inteligente pero una bruta en su comportamiento mental cuando perdemos las riendas del existir para estacionarnos en la parte oscura de la vida.

Mas reitero que lo creado al imagen divino; por la depuración mental nos enseña la lucidez, que en si debiera tener lo creado". Explicación que todavía descifrar el misterio del comportamiento humano el convencimiento de la superioridad de lo creado en parte no ha dado señales de ascendencia de una lucidez completamente lucida. Porque hasta este momento no es capas de conocerse a si mismo, mas espera conocerlo todo, mas cuando es acorralado por las batallas mentales; en muchas ocasiones pierde el control y la batalla y hasta la noción del tiempo.

Por lo tanto reitero y explico que la vida compleja esta dentro de la duda misma", ya que para comprender el comportamiento humano y sus misterios tendríamos por empezar por nosotros mismo", hacernos el ejemplo vivo de lo vivido. Ya que hasta para descífrale". La palabra misterio mental sigue siendo misterio de lo que es la vida en su estado", principio al fin. Campo magneto, mente espiritad, difícil de descifrar ese misterio de comportamiento

Ahora me voy a referir al epicentro mental", la parte formal, la masa giratoria de la mente espirita la guía de nuestra vida. Ese faro luminoso de divinidad mental que cada ser humano poseemos. Es obvio que los vínculos mentales de lo creado se enlazan al creador". Mas es obvio", que la mente, la menoría, la conciencia, la subconciencia, el celebro en su totalidad equivale a la vida misma.

Mas reitero que esa masa giratoria trasmite y recibe guarda datos, se eleva en fin para mí entender es la vida misma. Ya que la mente espirita algo que va mas allá del misterio mismo es la forma humana regida por un poder mental hasta para sobrevivir a la supervivencia lo cual la duda de que un poder mental hasta puede ser la cura de los males y hasta vencer la muerte para este loco como yo no sea la verdad de los misterios que crean tantas dudas.

Por eso en las nociones de la equivalencia mental pueden estar la cura de tantos males que aquejan la humanidad si la misma ciencia estuviera presente de que un poder mental es la medicina del alma la que crea los anticuerpos de las defensas a través de una mente que se le instruye a convertirla, a la parte positiva; algo de lo cual este consejo les puede servir de curas en los conflictos internos sea de la índole que sea cuando se trata de frenar los potros salvajes de la casa mental.

Mas esto me lo confirma la experiencia de haber estado atrapado dentro de redes de la palabra cáncer que para los efectos el significado es muerte, ya que de cada experiencia se aprende y si la razón de la lucidez del faro de divinidad celestial esta presente. Ese poder mental que me hizo a mí reflexionar me guió a la contemplación que una mente positiva es la mejor medicina existente la cual es capas de vencer hasta la muerte como en mi propio caso ejemplo vivo de lo que puede hacer la actitud positiva hasta para vencer la muerte:

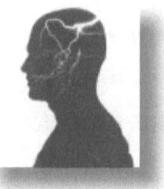

La Verdad Desnuda

*E**s tanto así queridos lectores;** que dentro de la verdad que existe la duda no es verdad absoluta para poderse determinar el ensamblaje de la mente y los miles de usos de funciones. Es algo fascinante la mente y la memoria, sus vínculos, su función, su comportamiento en lo que se refiera ser parte de la vida o la vida misma de lo creado. Lucidez, o parte oscura*

Por mi parte la divinidad mueve la existencia para encontradnos en otra existencia otra dimensión de vida, la cual es la mente la fuerza mayor la que mueve los imposibles en las contiendas de la vida cotidiana a que de repente puede aparecer en nuestras mente la nube oscura de nuestro pasado para hacernos reclamo de conciencia y agriarnos nuestro existir.

Ya que un poder mental con una alta dosis de lucidez nos confortaría la vida de felicidad por eso en este tema", nutrir la mente de alimento celestial nos sitúa en un mundo de paz mental para proseguir con el desarrollo que mueve la existencia humana en los pasos de progreso desarrollo mental donde ala ascendencia celestial toma nuestra alma para nutrirlas de paz. Ya que la fuente de divinidad de la vida es como una dosis de medicina celestial.

Lo cual de este modo a través de la meditación el reposo mental se levante el estado anímico que pueda tranquilizar la mente y la memoria substraiga una dosis de nutrición mental en nuestra vida para que el faro luminoso del altísimo anime la vida de paz viviente, que fortifique la vida de lo creado, en masas giratorias de la mente y la memoria de vivir en un estado de paz y armonía universal consigo mismo dentro la felicidad el amor y la paz.

*P*or lo tanto dentro de la verdad desnuda siempre la duda impera y la evidencia no es real. Ya que dentro del comportamiento humano mental falta mucho que explórale en el epicentro de esa masa giratoria. Ya que si nos ponemos a pensar dentro de la duda obtenemos dudas que como la verdad desnudad que no es real. Por lo tanto la vida esta llena de adelantos en igual como de atraso los cuales estamos expuestos dentro de la mente humana de llevarla a la educación de prosperidad lo cual haga de nuestras vidas éxito del vivir.

Lo cual añadiremos los grados de estados de conciencia la equivalencia y los medios desenfrenados de la conducta y el comportamiento humano, lo cual la mente es el juego del rompecabezas. Ya que la lucidez no es todo, en la vida, porque la mente más lúcida puede ser más frívola que una mente desquiciada", que lo mismo, a lo que yo me refiero de la verdad desnuda algo de la falsedad de la vida misma donde nos presentamos dentro de un mundo incierto que no sabe distinguir entre la verdad absoluta y la verdad desnuda de la que estamos viviendo.

*T*al ves la contemplación de este tema de la verdad desnuda cause gracia y hasta una mala interpretación pero que raro tiene si el mundo pueda vivir una verdad desnuda en igual a una fe ciega lo cual en diferencia lo que se vive esta completamente a la desnudes". Seria igual que si se vistieran templos en la tierra y las almas estuvieran desnudas del amparo divino caminando como almas en pena dentro de la fe ciega que se vive y así lo secunda el comportamiento humano.

Por eso el comportamiento mental puede ser incierto, estar deslucido de la razón en estar perdido en la oscuridad de la vida sin darse cuenta que en ves de estar vestido con ropa de santidad el cuerpo mentalmente ande por las calles de la desnudes. ya que la verdad absoluta si es de divinidad anda con el manto blanco de la Clerides celestial cuando la convicción y el formato de la moral no tiene virus que interrumpan la memoria y el pensar positivo este presente y aya tomado la dosis de medicina celestial.

Mas en mi relato reitero expreso; que la desnudes es la descare en como se pretende vivir si la moral no se predica en ropas menores y dentro la verdad no cave el engaño y por eso este tema de la verdad desnuda si tiene mucho que decir en la forma en como se pretende hacer de los culpables inocentes y el ojo de la vista larga viviendo de la verdad desnuda y esto no es culpa de la mente sino desinfectar el comportamiento mental y detener el deseo carnal reprogramando el panel mental con la dosis de la medicina celestial ya que ese Antic virus de fe es lo mas potente para aclárale la mente.

Por eso es obvio que si el comportamiento mental no se ajusta a ver la luz siempre estará caminando en la parte oscura de la vida, desnuda. ¿Mas que es de la parte formal de lo integro de la vida? Entonces donde se queda la moral si la verdad desnuda anda en exhibición por las calles de la vida paseándose como Juan por su casa y este comportamiento de seguetees es solo es la parte oscura de la vida, que nos arropa con su manto, lo cual carga la parte oscura de la vida en nuestra memoria.

Lo cual es la verdad desnuda que no se quiere ver o se pretende negar de la existencia de cómo se pretende engañar a Dios y los engañados vendríamos siendo nosotros mismos. Ya que en mi contemplación yo veo esto como un atraso humano en ves de vivir ascendente a la divinidad celestial, lo cual es la luz del entendimiento que hace ver la realidad y no vivir de la verdad desnuda.

Por lo tanto la labor mental tiene su fin pero no su obligación. Ya que la mente no obliga porque es que a la carne le gusta el gusto y la complacencia, el deseo. Entonces porque querer culpar la mente el pensamiento de los hechos. Ya que ante la ley de los hombre no se puede llevar la mente ante un juzgado y con que pruebas le vamos a juzgar, ya que aunque yo le digo a la mente la loca de la casa, lo difícil es probarle que la mente esta loca si no el que la carga que somos nosotros los culpables dueños de nuestros actos.

Obviamente todo en la vida tiene complicidad. Mas reitero que dentro lo creado el cuerpo físico es uno y el cuerpo espiritual es otro en lo cual en estos testos yo le llamo a la mente". {Mente espirita viva}, la cual vive en la cabeza esa masa giratoria el epicentro donde la magnitud del poder mental entra para formar la vida que es la mente espiritada espitirta a cual aunque sea responsable de nuestra conducta el cuerpo es el que comete los hechos.

Como la ven, un poco difícil de analizar, ¿en cual de los dos es el culpable, la mente o el cuerpo? Por eso el comportamiento mental es un rompe cabeza y muchas veces *yo la llamo el marcapaso de la vida. Ya que es el factor tiempo de nuestra peregrinación por esta mundo, obvio que no es fácil de descífrale y menos culparle, ya que este órgano mente espirita es el soplo de la vida misma*

El pensador

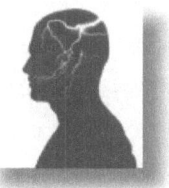

La Vía Ascendente

*"**H**ermanos"*. *Al tomar rienda de este tama mental la contienda da comienzo en mi mismo ser donde tal ves la capacidad mental en comparanza con la inteligencia exista una contemplación no científica de datos por carecer de ellos. Lo cual nos imposibilita de recapacitar para elevarnos al plano invisible del faro de divinidad celestial lo cual esa vía de ascendencia a través de la mente espirita se elevaré al espacio, en vía de porte y trasporte". Que solo la menta humana es capas de hacer ya que es la vida mente espirita.*

*   *Pero como ser humano dotado de fe yo recuro* *a la divinidad para abrir la puerta de la inteligencia y a la vía ascendente que a través de las súper mentalidades videntes y la contemplación", esa vía me elimine para el recorrido de lo que este mundo de la mente y la memoria y nociones me ponga al grado iluminando mi sendero para datos de mi pensar en lo referente a la capacidad mental y de sus estado de conciencia y su comportamiento en el vehiculo mental por lo cual nos estacionamos en la parte oscura de la vida.*

*   *Ya que palpablemente el conocimiento de causa se afeara al comportamiento humano mental. Mas en la contemplación de lo vivido y de lo que se vive todavía la verdad esta en dudas. Queridos lectores, la contemplación y*

los estudios concienzudos y la vía filosófica de los atrasos y desarrollo a lo cual la fuerza mental puede llegar a escalar, evolución mente espirita, versus, mente física carnal, llena de musarañas de oscuridad. Lo cual muchas veces nos atrasa el poder mental y lo que en si una fuerza mental puede lograr en nuestras vidas en la casa mental:

Mas basado en mis experiencias de la duda se extrae la realidad y bajo mi trasmisión de pensamiento la misma contemplación de fe me guía en vía ascendente para el trance hasta donde mi capacidad mental me puede elevar en vía luminosa de ascendente a la divinidad. Donde el alcance me ha probado hasta mi mismo que un bálsamo de luz mental puede escalar la otra dimensión donde lo físico no puede llegar por ser materia de materia.

Por lo tanto la vía ascendente de la mente no tiene límites, ya que un pensamiento escala hasta detrás de la vida, adentrándose al mundo espirita. En si pregúntense ustedes si se puede o no se puede y es de este estado mental positivo o negativo al que nos referiremos en este tema de la vía de ascendencia mental. Evolución de parte del desarrollo sea bueno o malo, ya que una actitud positiva es la fuerza mayor de lograr hasta lo mas imposible y una parte negativa, es el atraso de la confianza de si puedo, o no puedo y si se crea duda obtendrás dudas.

Obviamente, reitero que detrás de la duda vive la duda y que de lo que es inalcanzable tal ves la duda que duda", es de no poder llegar", inconvenientes conflictos internos temores, mente enferma, memoria agotada la parte oscura de la vida que se nos enlaza como una lepra chapándonos la vida, enfermando nuestra mente y cuerpo, ya que solo nos crea desanimo de hasta vivir porque perdemos la noción del tiempo, lo integro se desvanece, el estado anímico nos debilita, como marionetas del tiempo que bailamos porque nos mueven.

Hermanos la vía ascendente de lo creado *dentro del estado mental sea la contemplación del desarrollo mental experimenta momentos de cansancio exceso de cargas por el estado de evolución lo cual la mente durante su función no se detiene dentro de esta nube oscura de la vida, que llega para arroparnos de las tinieblas en donde ese estado de oscuridad nos ciega por carecer de lucidez mental.*

Por lo tanto esta maquina del tiempo crea dentro de la memoria los datos de la vida misma porta y transporta la función durante la existencia, la creación mental en si en el estado psíquico palpablemente es como el tic tac del reloj, pero este reloj en si es la vida la noción que va marcando el existirla vía ascendente del estado de desarrollo mental; el cual se deteriora por el comportamiento de conducta equivoca; la cual no razona cuando esta en la oscuridad mental.

Mas reitero lo dicho". *Porque dentro de los fenómenos mentales es vidente que cada movimiento de vida evolución, creación esta grabado en la memoria. Lo cual hace posible que cada dato de información en términos de milésimas de segundos y en instante sea capas por las ondas de retornar el pasado al presente de Clerides, o lucidez mental a la parte oscura de la vida misma.*

Por lo tanto la elevación refleja luz dentro de un estado oscuro ascendente dentro de lo que la memoria activa el pensamiento. Algo del comportamiento mental que es en no detener la noción del tiempo como se pueda pensar en la teoría en cuando la lucidez y el deterioro mental representan lados opuestos.

*Polos **negativos polos positivos**; en comparanza cuando los potros salvajes andan sueltos en nuestro sentidos son incontrolable ya que para frenarlos solo una dosis de medicina de divinidad celestial puede hacer ese milagro en nuestras vidas. Ya que estos comportamientos mentales son síntomas muy serios de de analizar a fondo*

Ya que para mi entender sea conciente o Cemig inconciente sigue activa, ya que solo lo inconciente sea el termino muerte seria capas de terminar el estado vivo por la razón que todavía existe algo inexplicable en como los fieles difuntos se pueden seguir comunicando con el mundo de los muerto y el mundo de los vivos. Casos de extrañar pero la mente espirita es la que tiene las respuestas de lo celestial que es Dios.

Lo cual yo reitero que la mente es el estado espirita; *hasta después de haberse despedido del cuerpo como lo hizo el mismo maestro Jesucristo al reencarnar en forma de espirita para dar testimonio al cual agrego al espíritu santo en la misma transformación en un grado anímico divino de mente en ascendente de vía de unificación entre los dos cuerpos el físico y el espiritual.*

Por lo tanto dentro de la duda *de lo que puede ser o no se pierde la verdad de que detrás de los misterios que encierra la mente y lo datos hasta la revelación forman parte del comportamiento mental de trance de vía de comunicación y como la perdida de noción y la separación de los dos cuerpos entonce la comunicación la revelación es a través de la mente espirita.*

El factor tiempo en comparanza es la mente misma; *que a través de nociones, datos en la memoria grava Toto los movimientos y necesidades del cuerpo estructural,* costumbres que a través de datos de información marcan cada instante de cuando, donde y para que el cuerpo humano debe ejecutar las ordenes de la mente y la memoria en si es la vía de comando, eje de ejecución.

Por lo tanto el comando de la mente organiza el sistema que dentro de la vida misma es el comando de la vida. Extraño proceder, pero cierto. Ya que este órgano vivo llamado mente es la vida que dirige la vida", mas dentro del comportamiento esta la razón de ser lo que somos y lo que seremos.

Mas reitero que dentro de la vía ascendente la elevación de nuestro ser interno la mete espirita entre mas lucidez mental obtengamos, mas claro alumbrara el faro luminoso celestial. Ya que la Clerides mental juega en nuestras vidas el papel más importante de la sobrevivencia humana la cual vive en vía de acenso durante la peregrinación.

Mas al referirme al estado mental su comportamiento y su función este mecanismo físico mental enlaza la vida con la muerte pero no de la mente espirita. Ya que esta vida mental es la forma de vida la cual al referirse en la sagrada escritura que vendrá a juzgar a los vivos y a los muertos si el espíritu en forma mental que rige nuestro destino no existiera entonce no tuviera que ir al juicio final.

Mas la teoría de creerse, o no de que la mente espirita esa masa giratoria el control de que rige la vida misma tuviera en lo incierto entonces imagínense cuerpos sin cabeza, por que en alguna parte del cuerpo esta la vida y hasta la muerte misterio del mas allá, del cual todavía nadie sobre la faz de la tierra ha podido descífrale, el porque se vive y el porque se muere. Misterio que solo el creador lo sabe.

Pero la ceguera de lo terrenal no deja ver el espacio celestial. Tal ves dentro de mi pensar pueda yo estar equivocado y mi alcanza espiritual pero por lo menos siembro la duda o lo cierto. Ya que dentro del comportamiento mental todavía hay mucho que explórale este mundo el cual la memoria es la vida misma llena de lo que se vive para luego en despedida la mente espirita de sus cuitas ante el creador.

Incluyo". Que es tanto así que dentro de mí pensar, las condiciones las cuales me ascienden a este mundo mental son verídicas ya que al meditar, al estar escribiendo, algo más potente que mí voluntad doblega mi entender de lucidez mental para extraed los dados de lo que en si encierra ese poder mental lo cual todavía no se puede determinar con toda la exactitud su comportamiento completo.

Mas dentro de las comparanzas de estas revelaciones mi mente se eleva al espacio en busca de la verdad celestial". mas así de esta manera es como yo trasmito los mensajes de mi pensamiento para que esa verdad desnuda desaparezca y solo la verdad absoluta de Dios trasmite la lucidez de divinidad y el faro celestial alumbre ya que la duda solo siembra duda y oscurece el alma en su progreso de evolución de ascendencia.

Mas yo recuro a la divinidad celestial para que aclare mis sentidos y ese faro luminoso despeje los inconvenientes que puedan crear dudas en nuestras mentes y que la evolución de ascendencia mental pueda hacer de vosotros lucidez y una mente sana, la cual a través de la meditación", el umbral de luz celestial los alcance a todos vosotros.

El pensador

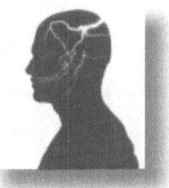

La Actitud Mental

L *a relación mental es la causa los impulsos;* palpablemente un sistema de comando que circunda la vida misma dentro de su función. Mas yo reitero diría en su totalidad". Ya que cuando la noción del tiempo se pierde el sistema fisiológico de lo físico queda inerte en un estado mortal. Que es cuando se entra por el túnel de la muerte en cuerpo vegetal se puede manifestar en perdida de la noción del tiempo.

Por lo tanto hermanos la actitud mental en estado conciente sea en sus cabales de lucidez cuando la mente esta activa por el factor positivo, da reflejos de memoria y traen claridad mental. Mas al enfocarme a la actitud mental de la clarividencia es como el faro luminoso del existir.

Obviamente dentro de la duda *entre lo oscuro y lo claro de la vida la diferencia puede hacer la diferencia de la vida misma. Ya que un dicho, lo dice que mente clara cuerpo sano", completamente la razón de la ascendencia de lucidez mental.*

Ma*s quiero enfocarme en la actitud mental cuando una dosis de divinidad se le aplica al pensamiento esto hace la terapia de la vida en donde la mente crea una dosis de salud natural, creando vitalidad deseo de vivir entusiasmo* esperanza, ya que el poder mental es la medicina mas potente que posee la humanidad en lo referido al alma..

Por lo tanto es como la fe misma; que es la mente en si la que lleva a uno a llegar a ese punto de la vida misma; pero si que se puede crear esa dosis de divinidad que no sea la fuerza mental que activa los sentidos para la súper vivencia humanaron templaza y deseo de voluntad.

Mas por eso quiero que se enfoquen en este tema de la actitud mental, ya que la experiencia confirma los hechos de como se vive con lucidez mental alumbrado por el faro de luz celestial. Ya que la depuración mental juega para vida misma una evolución de ascendencia de poder, cuando la lucidez refleja en nuestro ser.

Al contrario; de cuando la mente esta saturada enferma. Esto cambia el panorama creando en nuestro existir una nube de oscuridad conflictos internos cambios de actitud negativa, desconsuelo genocidios mentales que agrian nuestro existir transformando nuestras vida en lo agrio, lo amargo, lleno de pareceres, de desequilibrios mentales conflicto de guerras internas, en si mundo lo cual puede llegar hasta la muerte.

Por eso la actitud mental sea positiva o negativa cambia el proceder del comportamiento humano en su totalidad. Por lo tanto este estado de dificultades y inconvenientes toman forma según la mentalidad actúa y no solo eso la evolución de desarrollo para la supervivencia depende de la actitud mental sea positiva o negativaza que es ahí donde radica lo incrédulo o lo real.

Más cuando se llega al epicentro mental, si es de lucidez de paz mental, todo brilla en nuestra vida hasta el aura refleja lo dulce nos endulza el existir todo nos agrada, todo lo vemos hermoso las ofensas y las hacemos perdón, mas *damos amor en ves de odio. Nos convertimos en consuelo nos vestimos de esperanza, ya que cuando el anhelo del alma esta en paz solo paz somos para traer paz a nuestra mente {**El pensador**}.*

La Terapia Mental

*E*n lo que me refiero a la terapia mental la dosis de divinidad la fuerza universal de atracción del poder mental todo dentro de lo cierto en un momento negativo que crea dudas. Que seria cuando se pierde la noción del tiempo dentro de los conflictos e batallas con nosotros mismos recorriendo a Dios, mas la fatiga del estrés los genocidios los problemas se multiplican haciéndonos la vida imposible.

Lo cual puede ser por un estado de enfermedad, conflictos internos, problemas emocionales o sentimentales, estrés, tensión de la vida recuerdos de la parte oscura de la vida rencores venganzas desajuste bloqueos que nos atan al pasado cargos de conciencia cansancio mental en si todo lo que se llama problemas lo cual la mente y la memoria absorbe a través del tiempo.

Pero todos tenemos sombra oscura que cargar momentos desagradables malos recuerdos de las experiencias vividas que agobian el existir por eso dentro de estos datos mis experiencias mis malos recuerdos me uno a ustedes en el mismo barco de las desilusiones como seres humanos que somos.

Mas así que no están solos en este viaje donde tarde o temprano tendremos que retornar al punto de partida pero *alargar un poco mas la vida no esta de mas ya que a nadie le gustaría morirse si lo puede evitarlas la lucha de conflictos mentales, esa batalla monocapa nuestro existir cuando la parte oscura de la vida nos acorrala.*

P*or eso estos ejercicios de terapias mental si se puede crear una alta dosis de divinidad celestial en creando fuerza de voluntad. Ya que un deseo mental positivo es como la fe de la salvación del alma y vivir para vivir cuesta esfuerzo mental así que creemos esa alta dosis de divinidad que anime el alma a vivir más a través de terapias mentales que es la medicina natural que nuestro creador nos suplió.*

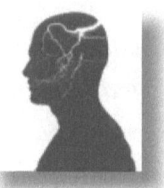

Listas De Ejercías De Ejercicios Mentales

1... *Jamás perder la esperanza.*
2... *Reírle a la vida para espantar la muerte*
3... *Afearse a la vida como fuente de vida*
4... *Recurrir a Dios en la vida y la muerte en fe amor y deseo mental de vivir*
5... *Jamás darse por vencido ante los obstáculos y dificultades*
6... *Plantar en tu mente dosis de supervivencias de poder mental*
7... *Trasmisión de pensamiento positivo Luchar hasta el morir sin rendirse.*
8... *Cantarle a la vida y alegrar el alma.*
9... *Disfrutar lo bueno y ser conforme con las pruebas e choques.*
10... *Estar dispuesto afrontar con valentiaza vida*
11... *Crear dosis de divinidad celestial para animar al alma en todo momento.*
12... *principio determinación de por de supervivencia celestial.*
13... *encender el faro luminoso recurrir a lo celestial en creando conciencia.*

14... *despertar en luz de divinidad portando nuestra confianza en el creador.*

15... *alimentar la mente de de lo positivo de la vida.*

16... *vestirse de fe de animo celestial y deseo de vivir mas y mas.*

17... *contemplar la vida con amor y deseo a través del poder mental.*

18... *pensar en lo hermoso de la vida y lo importante que es vivir de fortaleza mental.*

19... *fuerza de voluntad deseo de la superciencia de ascendencia celestial.*

20... *despejar la mente de lo negativo y vivir lo positivo de la vida*

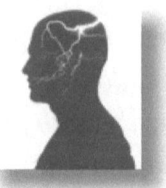

Evolución Mental Positiva

P*orque quien no ha experimentado una desilusión;* un dolor una pena, un fracaso una enfermedad, un conflicto interno, un mal pensamiento, una cola de sombra que pisarse, un momento de ira, rabia pues que entonces levante la mano el que no tenga pecado ya que todos somos mortales con defectos de culpabilidades y defectos hasta dentro de la casa mental.

*****D****entro de lo creado esta crear si de sobrevivencia se trata, ya que el deseo de vivir es la fuerza mayor de la humanidad la dosis de divinidad que impulsa la vida atreves de la mente en tener una estadía de existencia llevadera.*

*****Y****a que la sobrevivencia es parte de la vida misma". Más explico que si no existe fuerza de voluntad de vivir ni con toda la medicina del mundo se sobrevive ya que esa medicina natural del cuerpo humano reabastece la vida con una dosis de ánimo de vivir que es insuperable por cualquier medicina del mundo.*

*****Y****a que esta fuente de antibióticos es la energía universal de la vida dentro de su FACE de supervivencia creada por nuestro ser supremo en suplir lo creado con medicina interna capas hasta de desafiar la muerte con tan solo lo creado* tomar la dosis de divinidad celestial que nuestro creador nos ha suplido.

Veámoslos desde otro punto de vista de un cuerpo saturado por conflictos internos enfermedades agobios genocidios tormentos de la vida arropado por la nube oscura de un pasado incierto lleno de tempestad de neblinas vives de tormentos conflictos mentales.

Por eso reitero". Supongamos que la mente floja se rinde entonce donde parara". Ya que cuando se pierde la noción del tiempo es cuando el alma se entrega a la muerte sin luchar, ya que cuando se pierde la esperanza ya automáticamente la muerte esta presente en tu espera.

Por eso dentro del alcance humano pudiendo sacar fuerzas de su totalidad mental recure al lo físico sin comprender el alto grado de vida que es la mente humana capas hasta de vencer la muerte y esto es lo que yo le llamo poder mental la supervivencia que es el impulso de vivir bajo la dosis de divinidad celestial.

Veámoslo de desde otro punto de vista hasta donde el alcance mental puede llegar dentro de otro tipo de ejercicios donde la maquina del tiempo la mente, la memoria impacta la vida hasta llegar a la otra vida por el poder mental traspasando dimensiones, mundos que solo la puede llegar de existencias a existencias a través del poder mental de alto grado de divinidad celestial.

El Pensador

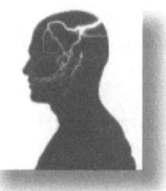

La Meditación Mental

*E*ste estado de trance hace posible *la vía trascendental del tiempo mismo, ya que bajo la trasmisión del pensamiento la mente se pierde en el espacio en encuentro con otros mundos dimensiones sin fronteras enlace de la vida y la muerte.*

Mas recorriendo el tiempo la ley de la atracción mental puede llegar a un grado supremo de elevación donde circunda el progreso mental en sus viajes de descanso. Porque en si la meditación es la formula como el pensamiento crea alas de vuelo al espacio celestial cuando deja el mundo físico.

Mas probado esta que si la mente en su estado de evolución deja al cuerpo por periodo de tiempo en la meditación puede sentir la memoria un descanso de paz porque los inconvenientes terrenales se quedan atrás mas por experiencia propia de trances la meditación es una estación de alivio hasta del alma espirita, lo cual controla la mente con su función de energía de divinidad, que es la vida.

Este estado de descanso a través de la meditación *también se usa como medicina para controlar las enfermedades, ya que este faro luminoso crea luz al entendimiento humano y trae alivios a los dolores a través de fortaleza mental. Ya que una dosis de divinidad mental puede hasta cural las* *enfermedades las cuales atacan al cuerpo físico pero primero pasan por el conciente mental.*

Por eso reitero que la meditación puede hacer milagros dentro de la vida, ya que una porción de ánimo positivo producido por la mente es la medicina mas potente que existe para los males de la vida en ciertos casos hasta hecho revivir personas que han perdido la noción del tiempo mas se han quedado en cuerpos desahuciados vegetales.

Pero de momento han vuelto a la vida por la mente, en reentablarse a la vida por eso la terapia mental de meditación aliviana hasta los sentidos del estrés de la vida cuando la mente esta saturada de conflictos internos el despojo por la meditación alivia la carga y esto hace la recuperación del cuerpo menosprecia dentro de los conflictos mentales.

Ya que las dificultades problemáticas que causan las dificultades de la vida en los momentos de agobios dolores trastornos mentales bloqueos que hacen de la vida momentos miserables, agrios de lo amargo de la sombra de tinieblas que opaca el existir humano de los cuales muchos pasamos por esas experiencias durante nuestra existencia.

Hermanos cuando de buscar asistencia gratuita empieza a nutrir tu mente con una dosis de divinidad celestial, eleva tu pensamiento a Dios", crea", metita", que un bálsamo de salud obtendrás. Medita", elévate como las aves trasmite tu sentir relájate que al volver del trance el dolor desaparecerá a través de la meditación.

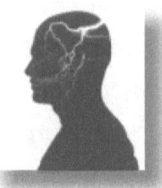

La Sanidad Mental

*D**e este caso de sanidad mentales,** algo sobrenatural en la forma en como la mentalidad y la fuerza de poder adquieren la sanidad del cuerpo y del alma. La dosis de salud atreves del estado mental que posee una alta dosis de medicinas naturales del sistema humano en la mente espirita.*

La cura del poder mental traspasa la alta dosis de vida, mas que suficiente hasta de combatir la muerte. Este lisis de animo infundidos por la potencia de la mente combate las enfermedades y dolores hasta los conflictos internos creados por sentimientos, emocionales y de toda índole tanto físicos como espirituales.

De lo cuales circunda la vida humana en su supremo grado evolución mental por la cual experimentamos dentro del diario vivir tanto lo dulce de la vida como lo agrio. Ya que la ligereza de vida nos sitúa muchas veces entre la espada y la Paret por lo tanto de lo experimentado se que la memoria retrocede el pasado al presente.

Pero más allá de la verdad en la evolución mental si le situamos a un grado de divinidad celestial". Ese faro pude ser la cura de tantos males en la vida. Ya que un poder mental es la fuerza mas poderosa en contra de las enfermedades, sean físicas como mentales". Ya que la mente es el control de la vida misma, en capas de vencer hasta la muerte por pensamientos positivos.

Esto no es ciencia ni ficción ", ya que no existe una fuerza a mayor grado a través de la mente que hasta en muchas ocasiones venza hasta la muerte. Por eso la cura mental es la medicina mas potente que hasta ahora aya existido. Porque la mente espirita es la vida misma, videncia que lo creado lo único que traspasa hasta el infinito en ascendencia.

Lo cual que lo físico material no Posse el cuerpo espirita que en su evolución fluidita puede llegar al espacio. Mas reitero lo dicho por que la mente espirita se despega del cuerpo, viaja al espacio hasta de existencia a existencia algo muy curioso de decir.

Pero el epicentro de la vía ascendente en formar de la mente, traspasa los límites de la vida misma. Ya que le espirita que acompaña el cuerpo estructural vive en nuestra mente. Ya que el celebro, la memoria da la señales de vida y tiene el comando. Ya que el panel mental el control que rige hasta el destino de lo creado durante la peregrinación por este mundo fuerza universal ya que una mente positiva puede ir más allá del dominio absoluto.

Mas encontrar el fondo de donde la vida termina que es la muerte todavía queda en el limbo sin contesta a las respuesta del porque de la vida por que la teoría y los estudios si analizan el comportamiento humano la vía filosófica del cuerpo los órganos las enfermedades, pero la trasmisión de pensamiento es el faro luminoso del existir de la vida y la muerte el cual el alcance esta en lo celestial de nuestro creador.

Lo cual estos libros solo son el comienzo, ya que cada tema mental tiene que ser analizado con meditación y lucidez del mas allá, para encontrar el meollo y como yo le digo el epicentro de la mente espirita y un poder mental que nos pueda algún día a saber porque la vida arrastra la muerte cargada a sus espalda lo cual este misterio es de extensión el cual no tiene limite.

Continuara….

El Pensador

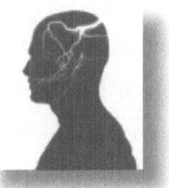

La Verdad Desnuda

La parte oscura de la vida, un enigma, la explicación sin contesta, misterio de la vida misma, el yo, lo que somos, la sombra que nos abarca aunque la claridad este presente. Todos en la vida cargamos esa nube de la parte oscura que vive dentro del subconsciente; que enlaza la vida pasada con el diario vivir el presente y el futuro.

Mas encontrar dentro del meollo la razón, el porque, es una energía viva. Dentro del pensar despertaran muchos de los casos, que no entra la razón. Es una fuerza mayor tan potente como en comparanza con una fuerza diabólica y un tormento; que es capas de desviar hasta la mente mas sana en tentaciones equivocas cuando entra en los conflictos mentales de batalla.

Por lo tanto, muchos casos se le atribuyen a desequilibrios mentales, estrés, mal genio, desorden mental, traumas, disgustos, fracasos y necesidad de casos imperativos de conducta. Pero para haber un presente, tubo que existir un pasado, tal ves oscuro que vive en nuestro subconsciente dormido o semidesierto listo para el embate de ataque en lo psíquico mental de los recuerdos que al parecer han muerto pero de repente reviven de la oscuridad para atormentarnos el existir.

Mas por lo general de los casos, no son por falta de educación ni de pobreza que aparentemente puede ser causas de estos desajustes mentales. Que es lo más raro de tantos casos. Donde los mas preparados mentalmente son las victimas mayor parte de estos desequilibrios tan horrendos de los sucesos de la vida.

Donde la razón falta ha y la parte oscura cojee posición, cambiando hasta el más santo servidor de Dios Por demonio en personificación. Ya que todo mortal de la tierra arrastra en si un sentimiento, una pena un dolor una angustia una guerra interna con la cual batallar en vida es afrontar la vida vivida o la carga del pasado y arrastre del presente.

Pero atribuir a la casualidad para mi entender no justificar la razón de lo que somos. Ya que el motivo del acto muchas veces es premeditado de anticipación.

¿Entonce el loco no es tan loco como se le puede atribuir de loco? Hermanos" la mente humana esta llena de complejos debilidades desacuerdos, tropiezos, los cuales es parte de la vida misma en su estado de evolución de lo que en si es el comportamiento humano en lo mental esta fuerza universales la vida misma que la mente es el timón.

Mas es por ese razón que yo a la mente humana la llamo la loca de la casa, por que puede ser capas de cambiar de parecer en términos de instantes, una acción y reacción justa o injusta, algo que es inexplicable en la forma como ese órgano tan vital de ángel se convierte en lo maligno tan fácil en igualdad al deseo impuros, como las tentaciones mismas.

El deseo se ejecuta de la parte oscura de la vida conforme a la cabida o al rechazo en el propio instante en donde la nube de la oscuridad hace presencia, no esperando en o actual para después remedir para después pensar algo que es parte de la vida humana dentro de si en los conflictos e batallas mental.

Mas reitero que se pueda comprender que la vida tiene pruebas choques, pero la parte oscura a la cual yo me refiero en este libro es lo vivido, no lo que se va a vivir o decir, este es mi destino, o que será mi destino, ya que destino es uno mismo de lo que crea de la vida y nada mas. Ya que la fuerza mayor de la vida se llama espirita mente, poder destino de lo que cada cual quiere ser de su vida lo que quiere ser.

Por lo tanto nadie nace para ser un asesino un sicópata un destrabado sexual pederasta, ya que lo creado es su propio arquitecto de sus hechos en capas de dejar al mundo con la boca abierta. Obviamente en comparanza la sombra de la vida es parte de lo vivido el recuerdo la conciencia el remordimiento, le represaría, la venganzaza, la acumulación de cargas negativas vividas.

Al yo tomar acción". Yo soy dueño de mis actos, porque si por pensar me gustaría coger a fulano por el cuello y matarlo y por ver una niña en mi mente pienso lo que puedo hacer con ella, en ese instinto animal de depredador sexual, ya esta en mi mente existiera el instinto animal el astuto pecador vestido de oveja el cual en sus diabluras todo lo planifica.

Por lo tanto existen tantas cosas que se pudieran por lo menos rechazar que en vez de hacerlo de no hacerlo nos impulsamos secuencia de consecuencias de formaciones malignas, que para el mundo religioso se le llama pecado aunque es la descares de la verdad desnuda de querer tapar el cielo con las manos como suele suceder dentro de los hechos que han sorprendido al mundo.

Tal ves pueda existir otra explicación científicamente para describir ese estado de bloqueo de tinieblas, por ser tal ves de un ser humano sin compasión analfabeto con miles de necesidad de toda su infancia de ver sido abusado", dolores que tal ves se asemejen a la realidad, ya que esto es un trauma un bloqueo, un rabo que cargar por el resto de la vida por culpable o inocente existiera motivo o razón de tal comportamiento mental.

Pero para crear vínculos tuvieron que existir vínculos, pero que es de aquellos que nacieron en bandejas de oro que la inteligencia le sale por los poros los que jamás han sabido de hambre de penas de necesidades cultos educados en si ricos y lo peor de todo representante de Dios.

Existiría razón para tal comportamiento, si están en abundancia de todo y son el sol de la esperanza del día y tinieblas por la noche. Que es donde la energía de santidad no crea santo en igualdad al karma, la insatisfacción el vacío del alma. Mas que explicación tendríamos que la pregunta nos de una respuesta adecuada tara esa persona de sus cabales y principios, si la misma fuerza universal esta contaminada del mal mismo de lo creado tanto físico como espeirtual en el vehiculo mental que se estaciona en la parte oscura de la vida.

Obviamente algo esta disparejo porque pueda existir alguna persona actuando por un desequilibrio mental, escusa lógica, enfermedad, pero esa parte oscura a la que yo me refiero en este libro, la verdad desnuda es una descares de hechos que no tienen excusan motivo de ser ni arrastres, ni cargas para que esa parte oscura regrese porque en si la manipuladora de mal crea mal si el comportamiento de malos hábitos no se frenan en la casa mental:

Más voy más lejos el prestigio humano en si tiene valor porque nadie que este loco cree que esta loco, mas otros se hacen los locos para satisfacer sus deseos carnales bajo una sotana amparándose de la sabiduría y la confianza dentro de este estado cabe la manipulación la estrategia en como cazador atrae las victimas inocentes con esa fuerza mental dentro de un estado diabólico y además a sabiendas.

¿Entonces, si la parte oscura es la culpable de muchos casos, donde esta la verdad desnuda envuelta en paño de seda blanca?

Hermanos" de la fe y el entendimiento y la razón obviamente del sueño al despertar existe gran diferencia y de la verdad absoluta, a la verdad desnuda la cual no real, no es realidad, mas al cielo no se le puede topar con las monos solo la vista del ciego que no quiere ver mas allá de la realidad de la vida en donde puede comenzar otra vida sana mentalmente con vosotros.

Por lo tanto este tema de la verdad desnuda y la parte oscura de la vida siguen de brazo haciendo de la suyas en la humanidad y el deterioro sigue en aumento y la fe se pierde, la esperanza se acorta las fechorías prosiguen, los tapa faltas absorben los hechos, siendo pecados de causa de culpabilidad, las causas aumentan la verdad se tapa y la mala sombra sigue arropando al mundo dentro de los conflictos internos, lo cual yo la llamo la parte oscura de la vida.

Por lo general, la ciencia determina en teoría de pruebas y conclusiones de formulas. Pero más allá de los hechos todavía la duda esta en pie de la capacidad mental desarrollada o subdesarrollada al grado que sea.

Ya que les vuelvo a repetir que la mente es la loca de la casa, la cual no creo que ni los estudios de la capacidad mental tengan la verdad absoluta.

Ya que el misterio de este órgano es el trasmisor recibidor conciencia y subconciencia del cuerpo humano. La cual es capas hasta de dominar al mas inteligente ser creado.

Ya que su dominio si uno no frena a tiempo es carnal llena de deseos apetitos que pueden ser de destrucción masiva hasta del mundo por una mente desfrenada dentro de los conflictos tanto de creencias como de personas enfermas de malos hábitos.

Es por esa razón que determinar la acción y la reacción del temperamento mental puede barrial, ya que esto no equivale a que la persona tenga algún problema de enfermedad mental solo débil de fuerza de voluntad como suele suceder en la mayoría de los casos.

Mas dejo saber que yo no soy un estudioso de medicina. Sino un ser muy espiritual y con uso de conciencia y justicia y no me quiero Mani gloriar en criticas, sino descifrar la verdad desnuda en donde por medio de Dios todos seamos componentes de este mundo felices lo mas posiblemente si tan solo frenáramos los potros de los instintos carnales y vivir mas de la espiritualidad completa no de la apariencia ciega.

Por lo tanto si les puedo explicar la contienda que existe de los conflictos internos que se pueden cargar dentro de la mente humana. Ya que todos tenemos rabos que pisarnos en nuestra vida, o lo creamos volviendo al pasado oscuro, o lo creamos para satisfacción propia de deseo en ves de causa. Sino de antojos vicio o malos hábitos ocultos dentro de nuestro subconsciente.

Aun mas enfatizar lo positivo crea positivo como que uno y uno son dos, pero si creamos conflictos mentales dudas, desacuerdos negativos no podemos espiral tener paz interna.

Ya que vivir positivamente rechaza la oscuridad que opaca nuestro existir creándonos genocidios tormentos estrés y hasta el deseo de vivir no es la solución.

Viendo al mundo desvanecerse de nuestras manos lo cual la medicina del alma hace al cuerpo resplandecer cuando la felicidad esta presente.

Por eso la satisfacción es cuando la mente descansa en trance de elevación de índole de espiritualidad, contiendas del tiempo en la reflección humana dentro de los conflictos internos.

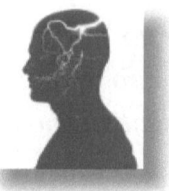

El Cansancio Mental

A hora les explicare de lo que es el cansancio mental y de los estragos que puede causar en nuestro diario vivir la sombra oscura la cual se que cada persona carga a sus espalda sea a mayor grado o menor pero sigue siendo la parte oscura de la vida.

Será acaso que se pueda desvanecer esa sombra que todos tenemos a nuestras espaldas, porque tal ves una pastilla de dormir, te duerme, y que es cuando vuelves a despertar", dolores de cabeza y que será de un hipnotismo cuando vuelves a la realidad, donde estabas metido que has regresado del viaje del pasado al presente lo cual nuestra conciencia en su acumulación de datos sucesos del pasado hacen arribo como la sombra de los malos recuerdos que ni siquiera quisiéramos recordar.

Hermanos con este tema yo enfatizo lo que es el cansancio mental y sus consecuencias las cuales pueden ser funestas. Ya que la frustración tiene un límite de tolerancia el cual la mente puede tolerar si tan solo el entendimiento y la raso de ser y la motivación de fe hace presencia en nuestras vidas rechazando lo negativo causados por los conflictos mentales y solo un átomo de divinar celestial, pendiendo a

Dios presente nos sitúa antes el panel de entendimiento y lucidez.

¿Pero cuanto? si el análisis de vigilancia medicinal puede ser temporera, pero que es de aquellos que no salen de esa nube oscura y que todavía creyendo haber salido se convierten en mas peligrosos en su conducta de este mundo oscuro al cual yo me refiero.

Es obvio que Dios mismo suple a lo creado para que la medicina sea la cura de los males a través de la ciencia sin duda es la opción indiscutiblemente, pero como se combatiera las tinieblas la oscuridad, si la luz no hubiera llegado y de seguro no me estoy refiriendo a la con Edison que sino la pagas te la cortan.

La mente es di funcionar un mecanismo que ni uno mismo no la comprende muchas veces. ¿Que ustedes creen de eso? será la mente la loca de la casa o seremos nosotros los que verdaderamente nos estamos volviendo locos. Por eso este mundo mental psíquico hace vínculos con lo físico y lo espiritual.

Por lo tanto enfatizar espiritual los problemas van mas allá yo creo que hasta de la misma vida porque en si una mente positiva rompe las barrera de distancia lo cual puede hacer milagros.

Ya que la actitud mental espirita puede ser la cura para despejar la parte oscura las debilidades y los conflictos internos por los cuales pasamos los seres humanos dentro de este mundo de choques y pruebas mentales; porque es el panel de inteligencia que rige la vida misma el misterio de lo que somos y esa es la mente espirita, viva que activa la vida misma.

Enfatizar lo positivo seria la terapia síquica bajo la educación inspiración espiritual entrelazarse dentro del tiempo en ocupar la mente, para despejar la parte oscura de la vida, el enlace que une el pasado con el presente.

Datos en donde entra la meditación. Para dar términos mas exactos de los enlaces mentales de la actitud positiva o negativa por lo tanto cuando se entra en un estado psíquico mental negativo es parte la lo oscuro, haciendo presencia.

Lo cual toma posición dejando una tempestad de dudas trastornos mentales los cuales son capases de traernos lamentos acciones desastrosas en nuestro diario vivir.

Mas siendo nosotros inocentes de los hechos el sentimiento de culpa nos sitúa en culpables de hechos del pasado mas es hay en donde el trance del recuerdo de la conciencia nos martilla en lamentos, culpabilidad.

Haciendo de nosotros seres débiles que hasta en muchos casos obstamos por lo peor o hacer lo peor sin razonar ya que cuando se pierde la lucidez y la razón la noción del tiempo se pierde en la parte oscura de la vida.

Obviamente este tipo de enlace puede hacer de la vida miserable y lidiar con los sentimientos de culpas, los infortunios de la vida, dentro del estado psíquico mental, conlleva fuerza de voluntad sobre todo; convicción, volunta, mente positiva para combatir esos momentos en donde el mundo se nos viene encima por la nube oscura de la vida.

Por eso obviamente la convicción de fe lo cual muchas bese lamentablemente no es suficiente para que esa fuerza maligna de la enfermedad mental pueda ser controladaza que tenemos que sacar fuerzas del mas allá, de dios de la divinidad celestial.

Ya que para mi cada ser humano tenemos algo de locos cuando menos lo esperamos y por eso comprobado esta que dentro de la acción esta la reacción.

Ya que hasta el ser más pasible reacciona en un instante capas de la locura, más horrible e imaginable, como los casos que suelen hacer noticias de hechos inesperados, de personalidades, las cuales en esta nube oscura han perdido el juicio y la razón.

Por lo tanto que se puede esperar de la vida de complejos internos, esos conflictos endemoniados que llegan a la mente cuando menos lo esperamos, ya que cada mentalidad no esta preparada para la lucha y la batalla.

Aun mas si la actitud mental es negativa x o+ lo cual ni yo mismo se lo que es mas creo que es locura permanente, o demente. Que puede ser la razón de la perdida mental total estaríamos hablando de una persona completamente enferma.

Ya que cuando la noción del tiempo se pierde ya para los efectos somos desahuciados.

Mas es tanto así que todo acto de una mente desquiciada no sabe lo que hace pero que juicio tiene de aquellos completamente cabales sanos ejemplo hasta de la enseñanza religiosa, personas ilustre dotados de inteligencia positivos, los cuales para los efectos no serian capas ni de matar una mosca, ni ofender ni con el pensamiento.

Entonce explota la bomba se destapa la oscuridad mental y en un instante serian capases de destruir el mundo convertirse en depravados sexuales sin clemencia a la inocencia criminales. Por lo tanto que oculto esta dentro de *lo oculto y que nube negra o sombra nos ata al tiempo a tomar control de la totalidad mental.*

Hermanos este mundo mental es exploratorio, explicación de análisis y de vigilancia en todo momento. Ya que la mente puede cambiar de repente y desvanecerse o hasta materializarse, razón inexplicable, pero cierta.

Lo cual puede ser por estrés por cargo de conciencia por deseo mundano y muchas bese por poca vergüenza también de mente descabellada enfermos mentales de conveniencias, lo cual se les quiere tapar de culpables ante los ojos de dios.

Lo cierto del caso es que la loca de la casa es la mente si no se sabe educar y corregirla a tiempo, entonces miremos el prestigio humano la conducta equivoca de las mentes depravadas que sin escusa haciéndose los locos los inocentes abusan de la confianza humana inocentes.

Mas descifrar la equivalencia mental cuesta, no solo estudiarla equilibrarla a través de la medicina también alimentarla de medicina espiritual formando claridad dentro de la oscuridad del tiempo, ya que el reposo mental es el descanso del alma.

La vida es una contienda un desafío retos los cuales tenemos que afrontar dentro de la sobrevivencia humana ?Pero que papel tan importante es la que juega mente clara". O una mente desquiciada, dentro del existir.

Ya que todo nos conduce a una conclusión por los problemas frustración causados por cansancio mental de acumulaciones de cargas.

En lo cual tenemos que hacer un análisis de vigilancia hasta ver y sentir que el cansancio mental este deterioro en nuestro estado psíquico, sea emocionar como sentimental.

Lo cual la aspirina quita dolores de cabeza pero no dolores del alma envenenada y cubierta por la parte oscura de la vida.

El pensador

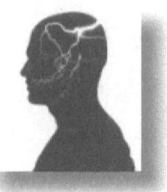

Conflictos Internos
Batallas Mentales

Esta lucha de contiendas conflictos mentales, reitero digo, no son luchas débiles de vencer. Ya que la mente en si puede controlar el cuerpo humano. Mas claro lo dice un dicho; mente sana, cuerpo sano, lo cual la educación mental a través de la meditación es ganarle la guerra al tiempo y la mente cuando busca el desvío la paz.

Hermanos la guerra con los conflictos internos mentales tales como bloque del tiempo oscuridad del pasado obsesión, desanimo mental, problemas emocionales, o sentimentales, venganzas rencores es parte de la vida vivida, huellas que no cicatrizan, heridas profundas, que cuando uno menos se lo espera la mente te alcanza.

Tal ve lo veamos como un mundo disparejo hechos insólitos. Pero quien en la vida no tiene o tenido un pasado oscuro un recuerdo una pena un dolor emocional o sentimental que guarda dentro del alma grabado en la memoria.

Por eso reitero y digo que la loca de la casa la mente", siempre tiene algo guardado en su subconsciente". ¿Que ustedes creen?

Al yo entrar a los vínculos mentales obviamente entro a un mundo donde la duda y la razón andan juntas. Mas es la verdad absoluta o la verdad desnuda que todavía anda sin ropa viene siendo la descares del mundo el cual siembra dudas y cosecha dudas.

Por que quien conoce a la mente, que en algún momento de su existencia hasta la mente misma propia no lo ha traicionado en algún momento de su vida por que esta el mas astuto e inteligentes resbala y se cae ante la tentación.

Por lo tanto esto es lo mas complejo de todo, en descubrir la mente, que no es solo su función, sino el comportamiento el alcance hasta donde puede llegar la mente, lo cual este misterio solo lo sabe Dios.

Ya que por lo visto este mundo es de locos como yo que escribo sobre este tema mental. ¿Que ustedes creen habremos o no habremos locos?, o quien no sabe que la loca de la casa es la mente propia y uno mismo le ayuda a ejecutar los deseo, que lo que veo yo lo quiero.

Tenemos que reírnos un poco a ver si esa risa calma la mente de tanto pensar y hasta yo me río de mi mismo que no valla a ser que el loco sea yo al estar escribiendo de locos".y yo valla a coger ese virus de los que andan por la calle y se me infeste la memoria y no pueda seguir escribiendo libros para calmar los locos dentro de los comportamientos mentales. Bromas para que se rían un poco y se concentren en el tema de la parte oscura de la vida

Charlas hermanos esto es para que cojan las cosas con calma dentro del factor tiempo de una vida tan agitada de la cual el enlace mental nos pone los pelos de punta y si tenemos control mental y el faro luminoso de la mente no se valla a coger el virus de la locura.

El pensador

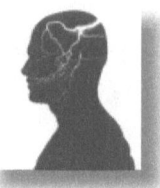

La Pérdida De Interés

*H*ermano uno de los punto los cuales les quiero traer en atención es dialogar de la perdida de interés de vivir desinterés desanimo cansancio rendirse es perder el uso de razón lo cual conduce a tantos suicidios tormentos enfermedades desequilibrio.

Porque cuando se llega a ese estado en verdad las cosas están malas. Ya que cuando se pierde la fuerza de voluntad la vida se agria y hasta todo a uno le apesta todo le esta mal, no se tiene sosiego, descanso y la noción del tiempo se pierde cuando uno entra en esa oscuridad mental

Cuando la vida entra a este estado de descomposición mental la oscuridad de la vida queda opaca por el tiempo, se entra al túnel de las tinieblas, la visión se oscurece, en fin la vida no es vida.

Si tan solo la razón de ser se pierde. Por eso la perdida de interés es el factor que nos puede llevar al abismo del túnel de la oscuridad mental y la noción del tiempo.

Por lo tanto a este estado mental es donde el desinterés puede ser hasta de vivir, de funcionar como personas humanas. Desánimo, contiendas en donde el factor tiempo se va perdiendo lentamente como se esfuma la vida misma.

Describir o descifrar este estado mental en mi parecer todavía es un misterio de la mente misma calificada como vida funcional por su función ya que a esta vía ascendente de la mente positiva funciona lo positivo y a través de lo negativo funciona lo negativo. Por eso tenemos que darle cuerda al reloj para que siga funcionando la memoria en estado positivo para rechacé los virus que se forman la casa mental

Más esta es una razón más de que vivir mentalmente sano, es vida sana. Lo más curioso de este caso es como a través de la noción del tiempo y el interés mental la mente misma se puede educar.

Ejemplo si la mente dice camina usted camina si la dice hay que comer usted come si la mente dice dormir pues a la cama.

Mas eso es lo que dice la mente pero si la mente te dice, roba mata, ya sabes que las consecuencias es paral en un presidio o sea toda fechoría tiene un precio que pagar. Más uno en sus cabales no tiene que en si hacer lo que la mente te dicta.

Ya que ella no te obliga como muchos casos de primeras planas de actos que dicen el demonio me dijo que lo hiciera. Ya que los demonios internos viven dentro de la oscuridad de la mente oscura en si y el impulso del deseo carnal ciega la razón y uno mismo es culpable de sus actos.

Hermanos si la vida fuera por arbitraje mental que seria de nosotros los seres humanos si no fueranos capaces de controlar la mente, los deseos, el apetito sexual, las riendas de la vida misma.

Se imaginarían un mundo sin control mental que todo lo que la mente desea se lo concediésemos hay señor ten nos confesado

Pero de algo yo estoy muy seguro al escribir este libro de locos empezando por mí que desde que las excusas se hicieron todo el mundo quiere salir absuelto de culpas de las locuras.

La magnitud mental y la contienda por la superación no esta en la escusa del acusado, que dice culpar a la mente de los hechos de lo que comete tal ves haciéndose el loco como muchos casos de la vida real.

Ya que juzgar por los hechos es la prueba de la fechoría que se comete de actos impropios repugnantes de crueldad atribuidos a estados mentales, lo cual en mi criterio, solo es la puerta de escape por donde salir bien de los problemas y en si el loquito no estaba tan loquito cuando tuvo mente para planificar. ¿Que ustedes creen? locos por conveniencias si o no:

Hermanos enfatizar positivo crea positivo, mas explora la conciencia propia podría determinar tantos problemas por los cuales pasamos la humanidad dentro de la oscuridad por la que pasamos tantos seres humanos dentro de los deterioros mentales.

La otra parte es la frustración el factor tiempo el cansancio mental en como se vive esta vida sin reposo sin disponer del tiempo para que la mente tenga ese descanso. Ya que se pierde la noción del tiempo sin recapacitar los errores alimentando la mente de cosas buenas positivas lucidez alcance en las contiendas de la vida.

Meditando en alma, en alcance de Dios". Suplir la vida de energía positiva", motivación", inspiración". Creando fortaleza mental, la cual nos nutra el alma y nos aclare la mente en vivir conformes con nosotros mismos dentro de este mundo de estrés mental a la que estamos expuestos los seres humanos.

Hermanos esto de vivir de acuerdo al sentido común, reitero y digo que todo ante de los ojos de Dios tiene una explicación de ser como es y dentro de lo dicho la mente humana", la maquina del tiempo', la explicación el pensar propio desde otro punto la vida misma seria diferente.

Ya que si la humanidad pensara diferente la mente loca no hacia estragos del vivir como lo esta haciendo en la humanidad que se desvía del pensar entrando a lo oscuro de la vida vivida y eso no es meditar sino tener que enmendar.

Por ese este tema de la perdida de interés desanimo mental se reabastece. Porque si el interesado pierde la fe, la esperanza atreves del desanimo mental, las consecuencias son desastrosas en el mundo que vivimos llenos de conflictos y trastornos mentales. Mas no quiero decir que todos somos locos pero nos pacíamos entre ellos que es lo misma que estar loco

Por eso el análisis de vigilancia al que somos sometidos hoy uno puede estar bien mentalmente pero como la loca de la casa la {mente} es loca tenemos que hacer vigilancia, que no nos llegue la parte oscura de la vida y la mente no valla a coger por el camino equivocado como suele suceder en muchos casos donde se ha perdido la razón y la noción del tiempo.

Por eso la perdida de interés las debilidades los desordenes mentales, las frustraciones, forman parte de este espectáculo de lo que la mente humana puede llegar a ser cuando el interés de vivir se pierde dentro de la noción del tiempo que no reconoce el deterioro mental. Es donde *tenemos que decir vasta ya yo no debo hacer eso malo que pienso vasta, vasta, Dios mío".*

Algo que va mas allá de la ciencia en donde encontrar las soluciones de las cura porque cuando la noción del tiempo se pierde el interés muere; es como la esperanza perdida; en la espera de la muerte y eso es entregarse a lo que venga sin importar nada, ni la moral y el deber con Dios y con nosotros mismos.

La vida tanto como la muerte tiene en si opciones Si quieres vivir deseo de vivir y si quieres morir pues muérete" allá tu, así lo quieres allá tú. Tal ves suene cruel de mi parte pero son opciones de la vida a resistir o dejarte vencer. Ya que aunque todos tenemos esa parte oscura tanto física como mental no quiere decir que la lucha con la mentalidad no tenga luz divinidad mental en donde alumbrarnos

Mas es aquí en donde entra la razón la ciencia el dialogo la medicina lo espiritual a traer las opciones pero si el interés se pierde es como el yo propio y el auto estima perdido contiendas de la vida que es luchar hasta el morir.

Por eso yo en estos testo enfatizo lo positivo el alimento del alma la esperanza el confiar en Dios y en uno mismo creando claridad a la parte oscura de la vida. Ya que una actitud positiva es medicina natural la cual Dios suple a lo creado dentro del término de la existencia humana.

Hermanos la calidad de vida depende del interés humano en crear actitud negativa por actitud positiva que vendría siendo la lucidez que aleje la nube oscura que ciega la vida, que es como la luz universal del pensar con Clerides". La cual formaría una claridad de vida sanamente mental

Incluso dentro del alcance reitero que el interés el deseo propio es la medicina del alma y la mental, mas enfatizar lo positivo dentro de nuestro ser seria ganarle la batalla a la parte oscura de la vida que nos rodea.

Ya que el interés el factor triunfo cuando de lo psíquico se trata, en la ley universal. Ya que tal fuerza produce energía, anima la vida misma", impulsa el deseo de combatir hasta las fuerza del mal y vencerlas.

El Pensador

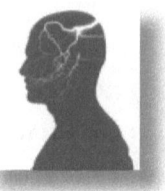

Mi Confesión

*H*ermanos un deseo puro ferviente es como la fe de vivir, motiva hasta la mente, en un triunfador enlace de consejo divino. Ya que enfatizar positivo crea un karma una peri espíritu de luz alrededor del aura".impenetrable a lo negativo", que es la parte oscura de la vida", la cual crea los traumas los bloqueos mentales de los cuales afrontamos la humanidad en lo concerniente a la vida de lucidez o la parte oscura de la vida.

*P*or lo tanto en mi confesión retrocedí al tiempo al escuchar de la boca de un medico decir Misael saliste positivo en la prueba del cáncer".Momento en donde mi mente se detuvo como el reloj y un sentimiento inundo mi ser y no savia si llorar o reír, salpresas que te da la vida y lo primero que pensé Dios mío que será de mis hijos de mi esposa de mi familia.

*U*n momento crucial el cual yo se que no estoy solo en este estado sentimental en donde la valentía se convierte en cobardía y no es porque yo en mi convención no sea hombre de fe con una fuerza mental capas de hasta vencer la muerte y desperté del letargo con mirada de triste y una sonrisa le dije al medico doctor y que se puede hacer.

Ya mi vida había entrado al túnel de la muerte en mi estado de semiconsciente mas reaccione a la vida ya que mi fe me dio animo de vivir, que fue cuando el doctor me dijo te tienes que operar y mi contesta de fe fue cuando dígame y firme como el valiente que a través de la fortaleza mental savia que no era entrar a ese túnel oscuro y fui en busca de luz celestial y le conteste pues mañana mismo yo estoy listo

Hermanos para hacer un deseo puro tendríamos que impulsar lo positivo como la medicina natural, que son los anticuerpos positivos. Mas basado en mis experiencias propias", mis relatos harán de estas paginas una fuente de energía la cual de lo vivido de lo negativo toco mi alma al fondo.

Mas la sombra la sombra oscura me arropo y yo me desarrope y aquí estoy escribiendo este libro de lo que es capas la fuerza de la mente y una dosis de divinidad celestial hacer hasta el punto de vencer la muerte ejemplo vivo de lo que escribió lo que es contar con poder mental y vencer la muerte.

Sentí un escalofrío una pena conmigo mismo por el mero hecho de que tal ves tendría que partir de esta tierra dejando atrás mis seres queridos cuando de repente me dicen tienes cáncer pero hermanos el motivo de fe deseo mentales la fuerza mayor y la medicina mas potente hasta ahora en contra de la muerte. Ya que una dosis de divinidad celestiales es el bálsamo de la vida misma.

Mas calle trague mi buche amargo", mas no llore, ya que ni lagrimas no me salieron porque decir tienes cáncer es como decirte estas muertos para un pensar que se rinde de una mente débil incapaz de desafiar la muerte o los obstáculos de la vida porque Dios hizo para la enfermedad la cura y para el dolor alivio si la mente crea los anticuerpos de salud positivos vences hasta la muerte.

Pero hermanos", abrí los ojos de repente y recapacite reí incluso lo tome con toda la calma sin diluviar, ya que mi generosidad y mi devoción de fe en nuestro creador como hombre de principio seguro". Animo mi vida y pregunte con la valentía y que se puede hacer doctor " si tiene que opérale, yo cuando sea, estoy ya listo y ya tome la dosis de divinidad celestial y que se haga la voluntad de Dios.

Pero me operaron en gracia de Dios más esto motivo en mí un despertar que sin ser escritor escribo. Ya que al parecer en ves de rendirme a la muerte y el cáncer me animo me de vida para crear fe de vida y consuelo al referirme a lo que la mente positiva y el interés humano puede hacer por nosotros; la supermente espiritad

Por lo tanto desde mi punto de vista el deseo de convicción llenando la parte oscura por fe de luz", el milagro es porte de ser la medicina natural mental. La que anima y cura hasta el cáncer. Ya que Dios hizo la mente como la fuente de la inspiración para la cura de los males si dentro del pensar sanamente nutre la vida misma del faro de divinidad mental.

Obviamente tal ves esta confesión sea palabra vana o tal ves fuera del tema pero cuando uno siente que su vida se va por el túnel de la muerte la relación sea otra mas que en si une y da cabida a lo que la mente positiva puede hacer. Ya que cuando el

Desinterés de vivir se pierde y la esperanza muere por el ánimo mental, ya nada queda de hacer si la noción del tiempo se detiene.

Mas algo disfuncional es cuando uno no es luchador vivir para sobrevivir explicación lógica de la vida misma por ser la contienda la ley universal de ser lo que somos seres humanos mas no tan débiles como se pueda pensar. Ya que una actitud mental positiva es la fuerza mayor de todas las medicinas.

Mas en mis experiencias contadas el mundo universal en igual a lo creado la sorpresa del tiempo que no perdona puede traer sinsabores, disgustos, malas noticias sin espérale pero que se espera que no sea la salpresa de lo venidero y cuando y es por esa razón que la vigilancia mental es estar atento a lo que pueda venir y estar preparado física y mentalmente.

Ya que para mí como seres mortales estamos en espera de todo malo y bueno, pero para uno reintegrarse a la vida sin darse por vencido la fuerza de la voluntad mental juega un papel muy importante en nuestras vidas cotidianas.

Reitero dentro de lo explicado que todo tiene una razón un porque de ser de lo sucedido. Un enlace dentro de la vida y la muerte, pero un deseo fervientemente de vivir mentalmente es una medicina natural que produce la mente".deseo, voluntad, sobrevivencia potestad antibiótico mental crea medicina para el alma.

Por eso les cuento estos relatos de lo que un estado mental positivo y una actitud mental pueden lograr en hacer los milagros vivo ejemplo de mi persona dentro de mis hechos reales lo cual me place en dar la explicación desde mi punto de vista de lo que me sucedió a mi mismo.

El pensador

Análisis Mental

*M*as este tema de análisis mental de la ley de la atracción, o atraer lo positivo y el rechazo de lo negativo no debe desvanecer. Ya que una mente positiva obvia es medicina del alma y mentalmente de paz. Ya que los tormentos normalmente comienzan cuando la parte oscura de la vida se apodera de nuestro ser.

Más puede hasta desviar la propia vida", llevándola a un abismo de tempestad, de genocidios, tormentos, bloqueos, desajustes de costumbres, estrés paisajes que crean pánico, el túnel oscuro del tiempo. Entrada sin salidas vivir entre la espada y la Paret formando esa nube oscura para ponernos en las tinieblas.

Mas reitero que esta parte oscura de la vida nada tiene que ver con lo diabólico. Ya que todos en si tenemos esa oscuridad la cual hemos vivido en alguna etapa de la vida sea en esta existencia o en otra.

Son el factor tiempo que nos enlaza dentro de los recuerdos", que nos ata a las cadenas de lo inolvidable de no olvidarnos. Martilla como reclamo de conciencia propia", por pasados atados al presente.

Ya que la mente equivale a la vida vivida es como la memoria la computadora que dentro de su memoria grava *todo así es la mente humana la maquina del tiempo la memoria del existir.*

La cual dentro de la razón no razona si no se hace reaccionar trayendo atrasos humamos, frustración. Ya que una mente cansada acumulada de cargas negativas es como cuando la memoria cojee un virus y la loca de la casa que es la mente no asimila nada bueno.

Están así", basado por mis experiencias como consejero espiritual, que tantos casos han pasado por mis manos y son tantas las causas de estos fenómenos mentales que se necesitaría una biblioteca completa.

Mas todavía así no llegaríamos a una conclusión y científicamente todavía se busca rastro de lo que la mente humana de la memoria puede o no puede hacer.

Reitero dentro de lo dicho que la maquinaria humana la memoria los recuerdos la conciencia la subconciencia, esa maquina del tiempo es como el mismo cuerpo humano.

Donde millones de cédulas compuestos, órganos, elementos se concuerdan por una memoria que cuando empieza a fallar es como la computadora cuando coge un virus se vuelve loca y para mí la mente coge ese virus y la función de la memoria comienza a dar señales de trastornos y enfermedades mentales. Estados de conducta imperativos de una conducta desordenada.

Esto es algo disfuncional, ya que la maquina del tiempo. La mente controla la vida y es capas de sanarla, como de enfermarla, algo muy extraño en el comportamiento mental. Pero mas cierto que la verdad desnuda de la cual nos amparamos en teorías que todavía científicamente no se llegado a una conclusión exacta.

Que ustedes creen que le falta a la determinación si sigue incompleta dentro de la duda, sea físico o espiritual. Ya que dentro de todo esta el todo poderoso el creador la fuente de la vida que es dios.

Ya sea la espiritualidad para completar la formula de llegar a unificar que un cuerpo sin espíritu mental no es un cuerpo por lo tanto que somos sino la maquina del tiempo que si llega a su deterioro pero la lucha de mantener la salud mental seria vivir en paz, ya que mente sana cuerpo sano.

La vida tiene arbitraje y dentro las normas de la conducta. Pero dentro de la conducta esta el comportamiento humano, las tentaciones, el mal uso de mentalidad, la poca vergüenza, lo inmoral, lo que dicen ser locos por conveniencia, los profanadores, los depravados los aprovechadores de inocencia mas estas mentes si tienen el virus del mal y se pretenden ser luz del día y son la oscuridad de la vida y tinieblas de la noche.

Ahora veámoslos desde otro punto de vista". Las debilidades", los conflictos internos, la apariencia de la vida", el rabo de cargas de su infancia. Secuencias del tiempo neblinas inolvidables pasado oscuro vida. De recuerdos de tormentos; seria esto un factor que pudiera determinar la conducta de un desquiciado por la memoria propia dentro de bloqueos y traumas causados donde entra la parte oscura de la vida a formar parte del pasado oscuro.

Obviamente la explicación mental tiene un virus una secuencia, contiendas de la memoria, la conciencia, la subconciencia en fin para determinar". Tendríamos que hasta morir y volver a vivir para contar la idónea y así, trascurre la maquina del tiempo, ya que lo vivido son las huellas que la memoria carga dentro del peregrinaje de la existencia.

Es por tal razón que cuando me refiero a análisis mental memoria conflicto internos del pasado traigo el presente que son muchas veces las consecuencias vividas del pasado que es por donde se debe a sub. Examinar la conciencia desde el cimiento del recuerdo en donde la memoria acumula la vida vivida y dentro de ese panorama estamos todos, porque ¿quien no tiene una parte oscura dentro de la vida o un mal recuerdo del pasado?

Por lo tanto lo vivido cuenta la historia sea el historial de cada paciente lo cual puede ser que la carga de la secuencia no sea la consecuencia del desvío mental por lo que se atraviesa y es aquí en donde la parte bloqueada, el trauma, el desequilibrio mental este acumulado en el conciente formando esa nube oscura que desanima la vida.

Aun mas como las enfermedades mentales las cuales son acumulaciones de cargas negativa plus que es del virus que infecta la memoria humana y la maquina del tiempo la mente que cuando se cansa de tanta carga negativa acumulada las consecuencias pueden ser desastrosas y difíciles de controlar.

Por eso entre ves en cuando datemos que despojar la mente humana; ya que la resistencia tiene su límite y la memoria se deteriora. Por lo tanto un análisis de vigilancia son los síntomas que el cuerpo siente y la mente también se alimenta y necesita descansó para que la memoria este clara en función.

Además reitero", dejo claro que tengo todo el respeto por la ciencia la medicina y de que si en mi alcance espiritual los médicos del espacio ponen en mis manos curas soluciones no dudaría ni y un instante en salvar vidas con los trastornos de los conflictos de la mente por la cual pasa la humanidad.

Porque vivir positivamente no esta en la medicina si lo negativo del conflicto interno se sale de la razón de la memoria por perder la fuerza de voluntad de vivir la vida esta en explora, termino científico", explorar la mente.

Pero hasta donde puede llegar el pensamiento, la memoria, la mentalidad, acaso tendrá límites fronteras. Si el explorar nos pudiera llevar a la conclusión. ¿Entonces el mundo tal vez no tuviera tantos locos, ya que cada explorador en parte tenemos algo de loco? Charlas. ¿Que ustedes creen?

Entonces sigamos explorando ese mundo mental el cual no es fácil descifrar y espero que no se vuelvan locos. ya que al yo sin saber de medicina algo celestial me ha hecho tomar cuenta en este asunto de lo que es la memoria la mente hasta que punto puede llegar quizás al terminar este libro y los que lo siguen ya listo me llamen el loco. O" tal ves el pensador positivo

Pero la locura no siempre es la carroza que de los locos del pasado es que heredamos lo de loco y descifrar la locura entra al mundo donde la memoria perdió la razón. Entonces figúrense ustedes que será de mí y de ustedes.

Por lo tanto el análisis mental tiene diversidad de términos de enfatizar lo positivo de la vida y mayormente en lo referido a términos mentales desajustes de tornillos reparación de memorias alineamiento de conciencia cargo de conciencia cansancio mental discrepancias de conflictos emocionales o sentimentales.

Ya que esta contienda de la vida, la lucha interna al parecer llego para quedarse en este mundo de desajustes mentales e emocionales y quien en esta vida no tiene algún tornillo suelto o una sombra oscura que cargar incluyéndome a mí al escribir este libro de locos.

Hermanos la apariencia muchas bese engaña razón". Incluso por la cual confianza mato a su amo como viene pasando en hechos reales hasta increíble de creer". Por la persona que lo comete. Algo que deja al mundo pasmado una verdad desnuda de como los que dicen, o se piensan que no están locos son mas locos que los desquiciados mentales.

Por lo tanto este mundo de la esquizofrenia de depravados sexuales", desde el punto de partida previene de gente culta, inteligentes, educativos, maestros catedráticos, personas civilizadas de sociedad y muchos intocables por ser hasta representantes de Dios. Algo raro de lo que es el comportamiento humano y de la forma en como detrás de la lucidez esta oculta la oscuridad de la locura.

Mas reitero, que no es descifrar lo que es la integridad humana, sino el comportamiento y la conducta de cómo la mente y la memoria puede vivir en la sombra oculta. Mas es por eso que no es la integridad ser casto si se vive en la sombra del enlace del mal oculto. También quiero agregar dentro de este tema que la arrogancia, la venganza, el remordimiento de conciencia está en la lista de los desajustes de los conflictos internos por los cuales pasa la sociedad. Más reitero y digo que la vida esta llena de complejos desajustes debilidades un atraso humano que solo la humanidad puede combatir por mediación de fuerza de voluntad propia.

Dentro del análisis de conciencia la vía filosófica crea un estado donde se manifiesta el estado dentro de lo vivido. Aun mas un control del tiempo, etapas dormidas, bloqueos nubes oscura que de un pasado en términos de instante despiertan de la memoria y son como el potro de la vida, indomable de controlar.

Contiendas del diario vivir, manifestaciones incontrolables que menoscaban a la mente humana exclusivamente dentro de los pensamientos. Ya que la memoria es el envase de guardar recuerdos y tal ves la duda de la vida dentro de tantas facetas que pasa por la condición a que es sometida.

Obviamente es la explicación", ya que confirma las experiencias del tiempo".recibidora y trasmite por ondas de telecomunicación entre mente pensar y ejecutar en el celebro. Un objeto órgano de múltiples ejecuciones". Funciones que si lo vamos a ver desde el punto del creador es la noción del tiempo de la vida misma.

Añadiremos que dentro de esta maquina del tiempo. *{La mente} es la existencia el porque de vivir. Ya que la mente puede controlar el tiempo la vida misma. Ya que las nociones es el principio de la inteligencia que nos lleva a la supervivencia humana pero quien conoce a la mente que no sea la mente, que no sea la memoria, la conciencia la subconciencia o Dios por crearla.*

Por lo tanto en la depuración mental circunda *el porque del vivir de actuar de ejecutarlos movimientos del cuerpo humano. Razón", el porque es tan misteriosa en su comportamiento. Ya que es el tablero la memoria del tiempo mismo en lo que concierne a la supervivienda humana.*

La mente puede tener extrañas funciones que todavía dentro de la vida están en el limbo. Ya que un pensamiento es la fuerza más potente del existir, la vía de la comunicación entre lo físico y lo espiritual.

Ya que es parte formar de lo que somos. Ya que sin memoria y la mente perderíamos la noción del tiempo". En si para mi es un reloj con aguja para marcar el tiempo vivido y el que se ha de vivir dentro de la peregrinación por este mundo.

Por lo tanto en la demostración esta la función de lo que es en si la mente humana, la cual se sabe que existe, que funciona, pero decir con pleno conocimiento de exploración todavía lo creado no ha descubrir los misterio, el fenómeno del meollo, para determinar lo que es capas la mente de hacer y la parte de etapas dormida

La cual al despertar es una caja de sorpresas. Mas esto me ha sucedido a mí en esta experiencia que al parecer la mente mía despertó y la información interna me ha situado con una súper inteligencia, la cual yo no tenia, ni nunca la he estudiado y por eso o, es milagro, o es que estoy loco, o simplemente lo que es la mente capas de hacer por uno. Mi pensar es que podemos ser mas de lo somos atreves de la supermente espirita

Hermanos la vida es una reprobatoria de aprobar aceptar o rechazar de acuerdo la pensar humano. Por lo tanto tal ves un principio un deber de aceptar", pero todo en la vida no es aceptable si uno no quiere.

Tales actos como el pecado el rechazó del bien", posiciones de la vida", que dejan de la misma vida sinsabores por haber aceptado lo que nunca se debía haber aceptado mas es aquí en donde todo en la vida tiene secuencias consecuencias por los hechos.

Que simplemente en conclusión no debieron haber sucedido, pero como lo pensé lo hice.

Mas la vida no es así", porque ni siquiera la mente obliga", solo sugiere a través del pensamiento, lo cual se acepta o se rechaza. Por lo tanto esto confirma la conciencia para que la memoria actúe de acuerdo al pensar humano en donde la vida esta en aceptar o rechazarlas.

El análisis de conciencia la razón y la equivocación andan enlazadas cogidas de la mano como la mente el pensarla memoria un conjunto completo de lo que es en si la mente humana. Ya que las ideas falsas o las correctas nos corresponden a nosotros en las decisiones o los pasos a tomar para analizar.

Pero desde mi punto de vista de cómo el mundo actúa se ejecuta primero y después se piensa razón de tantos fracasos mentales de la ligereza de la actuación sin coordinar el pensamiento.

Aun mas analizar antes de tomar acción son los dolores de cabeza y los sinsabores de las consecuencias que al cabo del todo nos dejan en desventajas por la extraña costumbre de actuar antes de pensar.

Mas" culpar luego al destino a lo malo, o a alguien" solo por el mero hecho de las escusa de la vida, no es la solución a los problemas.

Hermanos la mente es humana en igualdad a nosotros mas errar es de humano. Pero el factor tiempo te da el tiempo para pensar lo que conviene o no conviene, para que tomes las decisiones de la vida". Pero actuar sin pensar defrauda la confianza de uno mismo.

¿Por eso cuando la prisa no es buena consejera, ya que todo pasa por nuestro lado sin ser analizadota que la contienda de la vida la prisa la falta de tiempo, o no analizar a fondo; nos pone en desventajas del tiempo de existencia mental. Ya que la maquina del tiempo la mente la memoria es el alcance tan velos que muchas veces no da ni tiempo de hacer análisis mental.

Por lo tanto confirma la experiencia propia que de la vida y la mente se puede esperar todo como la caja de salpresa de lo que en si encierra la memoria humana que en comparanza es como una computadora que en su memoria guarda la información mas cuando la afecta un virus se descontrola.

Hermanos así somos nosotros la maquina del tiempo pero con sentimiento sentimental y consecuencias fatales. Ya que a una computadora se le borra la memoria, o se programa o se le pone una memoria nueva y sigue funcionando.

Pero lamentablemente no podemos hacer lo mismo con la memoria de la mente humana porque si fuera así no existieran tantos locos, hasta como yo al escribir este libro, a el cual dedico a todos los locos del mundo en general. Hermanos de la locura siempre es buena una risa para alegrar al alma en este tema. Mas quien que este medio loco lo admite, y siempre el loco se ríe de todo

Hermanos". El complejo de la esfera humana siempre carga algún tornillo flojo, mas ya ustedes ven por lo que esta pasando este mundo, que no se sabe el pensar de lo que quieren hacer en términos mentales dentro de lo cual se afearan a la fe de dar amor pero por el otro lado odian.

Razón por la cual la mente humana no hay nadie que la puede controlar, ya que la noción del tiempo es el mejor testigo de cómo la mente humana puede cambiar de parecer en términos de segundo como viene sucediendo pero la actitud positiva dentro del yo conciente te crea responsabilidad de sanidad mental.

Más esto no es por condición de ser culto de rasa de lo civilizado que se sea. Ya que la salpresa esta que los que uno más cree uno que tiene lucidez están más oscuros que la noche de tinieblas.

Entonces quien estaría capacitado de descífrale el comportamiento humano en términos de lucidez o una mente en todos los cabales.

Figúrense que ni siquiera nuestro creador comprende el comportamiento humano, o es que se le aflojaron algunos tornillos por dios darle un libre albedrío y la forma de pensar errónea extraña costumbre comportamiento mental, equivocación por el deseo mundano dificultades de asimilar lo correcto o lo incorrecto un factor, que dentro de la verdad desnuda todavía, la verdad absoluta no se sabe.

Este manuscrito del primer volumen capitulo uno es solo el comienzo de los análisis mentales y los comportamientos de conductas de un mundo infectado de conflictos mentales diferencias de parecer esta batallas y desacuerdos causados por la parte oscura de la vida. La mente espirita es el eje que mueve la vida el guía el timón para poder navegar dentro del mundo de la fuerza universal mental y el comportamiento humano.

Espero que dentro de los consejos sean curas para aliviar los mares mentales por lo cual una dosis celestial elimine las mente.

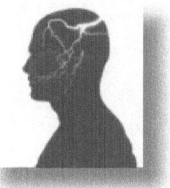

El pensador

*A*cuerdense *queridos lectores que podemos ser más de lo que somos a través de la fuerza del vehiculo mental; tal súper mente espirita primer volumen de esta serie de los comportamientos mentales.*

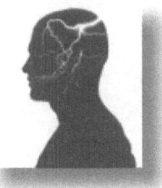

Contra portada

*L*a equivalencia mental, su modus operandi de comportamiento, conflictos y batallas del diario vivir versus lo que podemos ser luz o tinieblas dentro del retroceso memorial; al ser pasajeros del vehículo mental para estacionarnos en la parte oscura de lo vivido, la acción y la reacción, secuencias y consecuencias, culpabilidad o inocencia, juez propio nuestro pensante mental sea positivo o negativo los comportamientos. mentales.

El pensador